世界杰出女发明家的故事

没有女孩想不到

Girls Think of Everything

［美］凯瑟琳 · 辛梅什（Catherine Thimmesh）| 著
［美］梅丽莎 · 斯威特（Melissa Sweet）| 绘
陈修远 | 译

上海社会科学院出版社
SHANGHAI ACADEMY OF SOCIAL SCIENCES PRESS

献给杰米（Jaimie）和西蒙（Simon），你们每天都能发明新方法来逗我开心。

——凯瑟琳·辛梅什

纪念贾米安·莫尔豪斯（Jamien Morehouse），你发明了许多奇妙的东西。

——梅丽莎·斯威特

发明故事

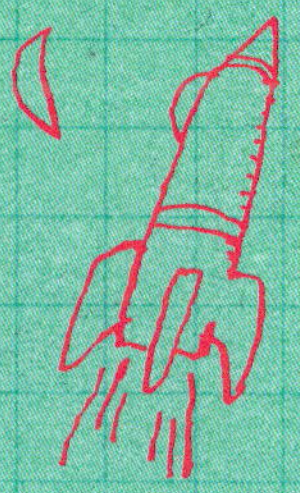

救护车

开始……

随着母亲用尽力气，你呱呱坠地，皱成一团的你哇哇大哭着闯入这世界。“是个女孩！”医生宣布道，要不就是，“是个男孩！”你的人生就此开始。在你最开始的每一次呼吸之间，在你生命的最初时刻，你的健康状况便已因一位聪敏的医生发明家而得到评估，这位发明家的名字叫弗吉尼亚·阿普加（Virginia Apgar）。阿普加医生创造的新生儿评分系统（也叫作阿普加评分）通过肤色、心率、对刺激的反应、肌张力以及呼吸这五个关键指标来评估新生儿的健康状况。阿普加医生认识到，辨别出那些需要得到紧急关照的新生儿是件紧迫之事。正因为她的新方法，成千上万的生命得到了及时救治。如今，在生命的头几分钟里，所有的医生都会使用阿普加评分来评估新生儿的健康状况。在生命的开端，一位女性的创造与智慧便影响着你我的生命。而这仅仅只是个开始。

最初，人们拒绝承认能有什么奇怪的新东西被造出来，接着，他们开始希望它能被造出来，再接下去，他们看到它真的被造出来了——等它真的被造了出来，全世界的人又觉得奇怪，为什么这个东西没早几个世纪被造出来呢?

——《秘密花园》的作者弗朗西斯·霍奇森·伯内特（Frances Hodgson Burnett）

不论是医药领域还是科学领域，是家居用品还是高科技配件，都不缺乏女性发明家的身影——她们的创造发明比比皆是，影响着我们的日常生活。她们发明了抗癌药物、太空保险杠、咖啡机，以及为无家可归的人遮身蔽体的睡袋；她们发明了游戏、玩具以及计算机软件程序。

发明家之所以发明创造，其原因不尽相同。也许你听说过一句话：“需要乃发明之母。”这话可不假，发明家发现人们的需要，便竭尽所能去满足。在很久很久之前，在人类正式开始记载历史之前，人类同样应付着日常生活，而在此过程中，他们就一直在发明创造。根据人们的口述以及人类学家的观察与研究，女性一直以来都是许多最最重要、最最经得住时间考验的发明的创造者。正因为女性在家庭与社群中承担着的责任，她们成了最先发明工具与炊具的人——包括臼以及杵，她们用这些工具来碾压面粉或者捣烂草药，做饭用药。

她们将亚麻与棉花编织在一起，发明了布。她们设计建造了木屋与圆顶棚屋，于是人类有了第一处栖身之所。据说，是女性首先发现了为布料染色的染料，也是她们首先发明了制革法来制造皮革。

纵观历史，女性从未停止过创新与发明。但长久以来，她们的成就不是被轻描淡写，就是被一笔带过，甚至被完全忽视。1715 年，美国女性的发明第一次被记录在册——根据对美国原住民女性如何用重杵研磨玉米的观察，西比拉·马斯特斯（Sybilla Masters）创造了一种以动力为驱动的加工玉米的新方法。

不幸的是，在那个年代，女性无法用自己的名字申请专利。事实上，法律规定女性不能拥有任何财产，连她们自己都不过是她们丈夫的财产。因此，为了保护她的发明，西比拉只能用她丈夫托马斯·马斯特斯的名字申请专利产权。

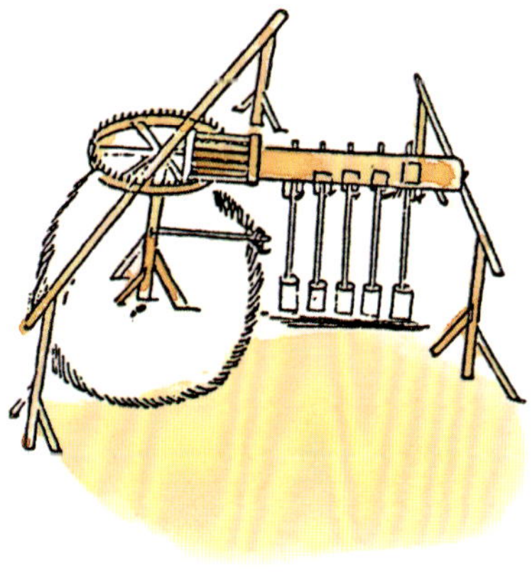

在美国，直到近一百年后，女性才可以合法地拥有自己的发明。玛丽·迪克森·凯斯（Mary Dixon Kies）是第一个以自己的名字获得发明专

利的美国女性。玛丽革新了编织稻草与丝线的技术，这一技术主要用于女士稻草帽的制作。在 1809 年，她获得了专利权，那个时候，稻草帽在时尚界风靡一时。

尽管困难重重，女性仍在不断地发明创造。即使无人看好，她们仍然取得了卓越的成就。出生于前奴隶家庭的 C. J. 沃克夫人（Madam C. J. Walker）发明了黑人女性专用的护发产品，也创造了一个全新的销售方法。沃克夫人原名叫作莎拉・布里德洛夫（Sarah Breedlove），她 7 岁成为孤儿，14 岁结婚，20 岁守寡。在近 20 年的生命中，她靠给人洗衣打工艰辛过活。怀着满腔的自信，揣着一美元五十美分，沃克夫人带着一个单品开始做起了生意。她不仅挨家挨户地免费展示使用方法，而且向顾客展示她自己使用之前和之后的对比照片。在 7 年之内，她又生产了好几款护发产品，生意也是蒸蒸日上。沃克夫人是第一位白手起家、身家百万的美国女性。

如今，挨家挨户的展示推销已被线上教程、网络众筹宣传以及真人秀电视节目所取代。一对一的推销已经消失，取而代之的是一对百万的展销盛宴。和沃克夫人一样，洛里・格雷纳（Lori Greiner）也是从一款单品开始的，那是一个珠宝收纳架，她在电视（以及家庭购物网络）上展示这款产品，很快，销量就高达 50

万。而这仅仅是个开始，现在，洛里不仅拥有了超过120项发明专利，还建立起了自己的商业帝国。同时，她也帮助其他发明家——尤其是女性——成功地将超过450款不同的产品投放市场。

当然，发明家可不仅仅只在美国。全球各地——从意大利到印度，从加拿大到新西兰——女性的发明创造从未停止。

许多发明创造的产生是因为简单的好奇心，因为一丝兴趣，一点“如果这样的话会不会很有趣？”的想法。是啊，还有什么比超级英雄可以发射光波的臂膀更有趣的呢？乔丹·里夫斯（Jordan Reeves）出生时就缺少左前臂，当她只有10岁的时候，她在露营地用3D打印机创造了属于自己的独特义肢，这个义肢可以发出一阵亮闪闪的火花。她为什么要这样做？答案是，为什么不呢？“有了亮晶晶的火花，谁还会伤心呢。”她说道。

在约旦河西岸的阿斯卡尔难民营，三个巴勒斯坦女孩发明了盲人专用的充电手杖。2010年，在享誉全球的英特尔国际科学与工程大奖赛中，她们因此项发明获得了电子学科的特殊贡献奖。在导师加米拉·哈立德（Jameelah Khaled）的带领下，努尔·阿尔－阿尔达（Nour Al–Ardah）、阿西尔·莎尔（Aseel Sha’ar）以及阿西尔·阿布·莉尔（Aseel Abu Leil）发明了一种使用电子传感的手杖，手杖可以发出向前以及向下两个方向的红外信号。这一发明弥补了从前手杖的根本缺陷，因为它不仅仅可以探测到前方的障碍物，还可以同时探测到路面的坑洼之处。

今天，在起居室里与实验室中，女性们也在发明创造。她们将好奇、创造力与耐心、乐观精神结合在一起。她们想象；她们思索并探讨；“如果这样做……？”她们问道；“这样如何呢？”她们琢磨；“哈！”她们欢呼。

渐渐地，她们的聪明才智为世人所知，她们别出心裁的发明影响着我们的生活，她们鼓舞着男女老少，也许还激发了我们自己的创造力。现在，让我们阅读一些关于她们的故事吧。

露思·韦克菲尔德

巧克力豆曲奇

马儿筋疲力尽，饥渴交加。从波士顿赶往新贝德福德的路上，是时候吃点东西，来点干草或燕麦了。要知道，这个位于马萨诸塞州惠特曼城 18 号公路上的繁忙收费站正是马儿的休息站。但不久之后，这里的一切都会来个大变样，干草和燕麦将被沙拉、汤羹和白汁鸡所取代。更幸运的是，还会有巧克力豆曲奇呢。

那是一场意外，一个简单的错误，一次为了赶时间而在最后时刻所做出的努力，一次“全都捣鼓进去说不定一切就迎刃而解”的尝试……但正是如此，露思·韦克菲尔德（Ruth Wakefield）才创造出了那松脆可口，富有嚼劲，好吃到爆炸的巧克力豆曲奇——一个最经得住时间考验，最简单易学，也最广受喜爱的发明。

露思的餐馆其实刚开业不久。此前，她和丈夫把废弃不用的公路收费站（Toll House）改造成了一家餐厅——也就是“收费站小酒馆”（Toll House Inn）——从此，这里不再是马匹的休息站，而成了行人的歇脚地。开始的时候，地方很小，只坐得下 30 个人。露思既是合伙人、经理、老板娘，也是厨师，自然每日都忙前忙后。1930 年的一天，露思正在烤制一批当时很受欢迎的巧克力黄油滴饼干。根据配方，在烘焙前，她应该将巧克力块完全融化，再放入面糊中。

然而，因为她忙着赶时间，她只是把巧克力切成小块就倒进了面糊中。她想着，巧克力应该会在烘焙的过程中融化，但是她错了。曲奇出炉后，她惊讶地看着烤盘上做坏了的巧克力黄油滴饼干——上面点缀着巧克力碎块，不过，品尝之后，露思和顾客们发现这盘做坏了的饼干竟是人间美味。

随着餐厅越来越受欢迎，露思的收费站曲奇很快就变得远近

每年烘焙出的巧克力豆曲奇
可环绕地球10圈。

C

派
饼干
糖霜
果冻
糖果

曲奇

露思·韦克菲尔德收费站曲奇

100块曲奇

190摄氏度高温烘焙10～12分钟

奶油
1杯黄油，加入
3/4杯红糖以及
2个鸡蛋的蛋清。溶解
1勺小苏打于
1勺热水中，掺入
2 1/4杯筛好的面粉，并加入
1勺盐。最后加入

1杯切碎的坚果和
2条半甜的雀巢
黄蛋糕巧克力，
切成豌豆大小。
最后将
1勺香草精
滴在抹过油的
曲奇片上

4 “ (2 品脱)…………
4 “ 筛好的面粉 …………
2 “ “ 黄油 …………
1/2 杯 “ “ …………
2 杯 “ 砂糖 …………
2 1/2 “ “ 糖粉 …………
1 品脱 “ 水或牛奶 …………
1 “ “ 固体油脂 …………
4 勺咖啡 …………“ 黄油 …………
2 “ “ 糖 …………
2 “ “ 面粉 …………
4

正是因为露思没有将巧克力融化的失误，才有了今日市值数百万美元的巧克力豆产业。雀巢公司每年会卖出近一亿包巧克力豆曲奇饼干。也就是说，在一年内，全世界的人会吃掉50亿块巧克力豆曲奇饼干，算下来，每天都会有1400万块巧克力豆曲奇饼干进入我们的肚子。

闻名。雀巢公司的销售经理惊讶地发现东部地区巧克力条的销量猛增，于是便展开了调查。他们很快找到了这一切的原因：露思·韦克菲尔德。

在露思的要求下，雀巢同意在巧克力条上刻上划痕，以方便露思将之分成小块。在1939年，也就是几年之后，雀巢决定再帮她省点力。他们为露思·韦克菲尔德的曲奇饼干特别制作了巧克力豆和巧克力碎。他们甚至购买了“Toll House”名字的使用权，并在露思的许可下，将她的配方印在了巧克力豆包装的后面。据说，作为交换，雀巢为露思提供了终生用之不竭的免费巧克力。今天，她的创造仍然广受欢迎。在此基础上，人们创造了无数种新品种曲奇，直到今日，创新品种仍不时出现。许多人成了曲奇发明家，有人甚至会往里面加点燕麦呢。

安娜·斯多克和安德莉娅·斯雷什塔

太阳能发光灯袋

屋外漆黑一片，不见一丝光亮。目之所及，既没有点点亮光渗入房内，也没有街灯闪烁，更不见绚烂的霓虹灯牌对外乡人表示欢迎，唯有那铺天盖地、天鹅绒般的深沉黑暗——这意味着你正身处荒野……或者，电力大面积中断了。

1879 年，托马斯·爱迪生发明了第一个可用的电灯泡。一百多年后的 2010 年，安娜·斯多克（Anna Stork）和安德莉娅·斯雷什塔（Andrea Srethta）发明了在停电时使用的创意照明灯袋。

2010 年 1 月，海地发生了灾难性的大地震，20 万人遇难，将近 200 万人流离失所，无家可归。此时，安德莉娅和安娜正在哥伦比亚大学读书。

这两位大学生此时都在一个工作室课堂学习，在课堂上，学生需要完成独立的项目，那时课堂的主题正是救灾援助。海地地震的骇人景象让二人意识到，一个成功的项目应该可以对现实世界产生切实的影响。

“最令我们震动的，是绑架、暴力侵犯以及偷窃等恶性事件的高发率。”安娜说道，“对于那些在帐篷中避难的人来说，这非常危险，他们的生活空间极其局促，每天都挤在一起。”

灾民们不仅失去了一切，还每日身处危险之中。因此，安娜和安德莉娅把她们的研究焦点放在扩大灾民的生存空间，提升灾民日常生活的质量上面。

在头脑风暴阶段，她们研究过淡水过滤方面的问题，但很快就将注意力转移到了照明的问题上。在此之前，灾区照明的需求一直未被满足。二人认为，解决这一问题将会真正帮助到受灾者，切实有效地改善他们恶劣的生存环境。

飓风
疏散
中心

“没费什么工夫，我们就将目光聚焦到了可漂浮、可充电的太阳能灯上。”安娜解释道，“但是经过多次试验，我们才找到了类型与尺寸都合适的太阳能板与电池，并且使性能参数达到了平衡。”

太阳能发光灯袋需要 7~10 个小时的日照才可充满电。一个充满电的灯袋可提供 30 小时的光照——就是说如果每晚使用 6 小时，它足可提供 5 个夜晚的照明。

她们还试验了不同种类的塑料材料来做外壳。这种塑料必须满足三个要求：防水（必须在洪灾或暴雨中也可以使用）；耐用（若是外壳被刺破，灯光很容易就会熄灭）；同时，还必须要质量轻盈，方便携带。

“因此，整个想法的基础就是，在紧急时刻，应该不费什么周折就能让灾民获得它，同时，它还应该易携带、易充电。”安娜解释道，“我们还希望它可以被折叠成扁平状，这意味着它应该是充气式的。”

安娜和安德莉娅用了一个学期设计模型：她们尝试了不同种类的塑料、充气阀门、电池、太阳能板以及 LED 灯管。（最初的模型是这样的：体积很小的塑料自封袋作外壳，运动水壶的瓶盖作阀门来充气，面巾纸使光可以漫射，再加上一条贴在里面的简单太阳能电路）。她们还制订了一份商业计划，其中也包括将产品卖给个人用于户外活动。

为了完成模型的专业设计以及之后的批量生产，她们在众筹网站 Indiegogo 发起了众筹活动，在 Indiegogo 上，参与者可以通过为产品捐助资金换取奖励，一般来说，奖励就是他们所支持的产品。人们很快对太阳能发光灯袋产生了极大的兴趣，他们将其用于各种场合——野营、室外聚会，以及应急物资的供应。同时，安娜与安德莉娅发起的“给予光，得到光”（Give Light, Get Light）救灾计划也鼓舞着人心（通过“给予光，得到光”计划，赞助者可以将灯袋直接捐助给他们指定的公益组织，帮助需要照明的家庭——译注）。2011 年，在 Indiegogo 筹得资金后，她们开始在自己的网站销售这种灯袋。

接着，经过一系列的申请和面试，安德莉娅和安娜得以在“创智赢家”（Shark Tank）上展示她们的太阳能发光灯袋。“创智赢家”是一个知名的真人秀节目，在节目中，雄心勃勃的创业者向五位成功的商业大亨推销他们的产品，然后由这些企业家们决定是否给予创业者资金以及技术上的支持。

“我们得到了五个人的出价，每个投资者都支持我们。”安娜说道，“而且，‘创智赢家’会不断在不同的电视频道重播，因此，整整一年，我们的销量都在不断增长，我们得到的关注也越来越多。这实在太令人激动了！”

根据种类不同，太阳能发光灯袋的价格也不尽相同。在2017，她们开始销售可以给手机充电的灯袋！在短短几年的商业运作中，她们已经为受灾者提供了数以万计个灯袋。通过她们合作的救灾机构，她们将灯袋分发给在海地的飓风艾萨克、菲律宾的台风海燕以及尼泊尔地震中受灾的人们。

太阳能发光灯袋的生意越做越大：通过NGO（非政府组织），她们将灯袋送到受灾者手中；她们将灯袋销售给线上消费者与能让灯袋进入实体店的零售商；她们还为消费者提供品牌印刷服务。到今天为止，她们已经将灯袋销往超过60个国家。现在，在那铺天盖地、天鹅绒般的深沉黑暗中，创新灯袋点亮了无数种可能，孩子们可以在帐篷中完成作业；徒步旅行者得以寻得方向，脱离险境；而在灾难过后的漫漫夜晚中，受灾家庭将会获得一丝宽慰与几分安全。

玛丽·安德森

挡风玻璃雨刮器

这天，纽约的天气糟透了。狂风大作，雨雪交加，路上的行人纷纷把自己裹进大衣里。来自亚拉巴马州伯明翰市的玛丽·安德森（Mary Anderson）登上一辆有轨电车，希望能在市内游览一番，顺便躲过狂风暴雨。这是1902年，这趟旅程将让她终生难忘，其原因并非沿途的风景，而是因为，受到旅途所见所闻的启发，玛丽做出了一项伟大的创造——雨水打在挡风玻璃上，模糊了有轨电车司机的视线，使得驾驶变得异常艰难，这让玛丽深感同情。于是，她发明了挡风玻璃雨刮器。这项发明将不仅仅改善每一位司机的行车状况，也将拯救无数人的生命。

在此之前，顶尖的工程师们已经想出了一个解决恶劣天气时能见度低的方法。他们将一整块挡风玻璃分成两半，当玻璃被雨雪覆盖时，有轨电车司机可以从中间将挡风玻璃打开，这样就可以获得清晰的视野。不过，这个方法并不特别奏效。玛丽无奈地看到，司机拼了命也看不清前方的路，而当他将挡风玻璃打开时，迎接他的却是扑面而来的刺骨冷风和漫天飞雪。

“为什么没有人发明一个可以清除积雪的工具呢？”据说，玛丽问了问周围的人。“很多人试过了，但都没能成功。”人们这样回答她。

在挡风玻璃雨刮器大范围使用之前，司机会用胡萝卜和洋葱片涂抹挡风玻璃，使玻璃上形成一层油性薄膜，以起到防水防雾的效果。

胡说，玛丽边想边在笔记本上涂涂画画。为什么不能在车内安装控制杆，让司机用控制杆控制窗外的雨刮臂，来把雨雪扫掉呢？对她来说，一切都是这么的简单。

图2
图1
图3
1902
窗玻璃
清洁
装置

之后，当她回到伯明翰的家中时，玛丽继续琢磨了一番。她完善了她的草图，增加了更多细节，使其更为完备。对自己的作品感到满意之后，玛丽带着她的设计来到伯明翰的一家小型制造厂，雇佣他们为她制作了模型。接着，她递交了专利申请。

“我的发明是对窗玻璃清洁装置的改进，在装置上，径向摆动的雨刷臂将由驾驶座的手柄所操控。”在专利说明书中，玛丽这样写道。

换句话说，车内的控制杆可以控制车外的雨刮臂。玛丽发明的雨刮器由木板和橡胶组成。按照她的设计，为了保持美观，在非雨雪天气中，雨刮器将被取下来。她最重要的设计要素之一，是给发明增加了一个配重（counterweight）。

“在改进的窗玻璃清洁装置清扫过的区域中，”她写道，“这个配重将保证玻璃所受的压力均匀。”

换句话说，配重将承担把雪擦掉的工作。在1903年，玛丽获得了窗玻璃清洁装置（挡风玻璃雨刮器）的专利权。一拿到专利权，她就向一家加拿大的大公司提出申请，询问他们是否愿意购买专利，可惜他们并不感兴趣。在研究了她的申请之后，他们认为她的发明几乎没有商业价值——根本没人会买这个。不过，他们鼓励她再提交一些其他“有用的专利”，以供公司考虑。

玛丽把她的专利锁进了抽屉，最终，专利过期失效了。几年之后，有人再次用她的这个想法申请了专利，还卖了一大笔钱。恶劣天气下能见度的提高拯救了许多生命。即使在今天的高科技社会，挡风玻璃雨刮器仍然是保障汽车安全的最伟大发明之一。现在，就算窗外雨雪纷飞，旅客们也可以将沿途的风景看得清清楚楚。

阿扎·阿卜杜勒哈米德·法耶德

塑料变燃料

未来的汽车会是多么出乎我们的想象啊，它们可以飞在天上，浮在水面，它们会自动驾驶，还能用塑料当燃料！

对于一般人来说，拿废弃的塑料袋和汽水瓶做汽车、公交车、轮船或是飞机的燃料简直可笑。不过，阿扎·阿卜杜勒哈米德·法耶德（Azza Abdelhamid Faiad）可不是一般人。

阿扎是一个住在埃及亚历山大城的青年人，她对科学竞赛以及相关挑战很感兴趣。九年级的时候，阿扎开始研究享誉全球的英特尔国际科学与工程大奖赛上的获奖项目，这越来越启发了她，让她想要开启属于自己的项目。

“我的生活挺无聊的。”阿扎说道，“我是那种一直在学习的好学生，那可没什么意思。所以我想干点我喜欢并对未来有帮助的事情。”

阿扎对解决现实世界中的紧迫危机很感兴趣——尤其是处理废弃塑料的问题（光是埃及每年就有超过100万吨的废弃塑料，美国则有3300万吨，而且，这些塑料都是不可被生物降解的）。每一年，都有数以百万计的鱼类、鸟类和海洋哺乳动物死于废弃塑料，而这个数字正在逐年增加。

同时，她还希望缓解能源危机的压力。当阿扎发现，就算在加油站排一个小时队，却仍然加不上油的时候，这个问题便显得更为严重了。

“于是我得出结论，我应该想出一个方案来同时解决这两个问题。”阿扎解释道，“所以我想，为什么不再次利用废弃塑料，把它转变成能源呢？”

燃料
h f e d c b
a

这不是个新奇的主意，已经有人尝试过将塑料转化成燃料，也确实有人成功了。阿扎发明的独特之处在于，她使用了一种前人未曾使用过的催化剂，来加快塑料分解的化学反应（催化剂在加快化学反应的同时，自身的化学成分不变，不会成为反应或生成物的一部分）。更令人兴奋的是，阿扎使用的催化剂成本极低。

根据阿扎的估计，100 万吨废弃塑料将会产生价值 1.63 亿美元的燃料，更不用说，还可以让地球上的填埋场和水域摆脱过量塑料带来的压力呢。

“我花了点时间才搞明白背后所有的化学反应。”阿扎坦诚道，“我有两位导师，他们给了我最大的帮助，毕竟我没有多少经验。”

数个月间，阿扎不断地研究、实验、再研究、再实验。她离开家前往位于开罗（距她家有两个小时的车程）的埃及石油研究院，在全国最先进的实验室中，与富有经验的科学家队伍一同进行实验。

前人的研究已经找出了裂化分解塑料的最佳催化剂——但其价格高昂，这意味着，大规模的塑料分解将会非常昂贵。阿扎的方法是挨个找出与这个有效却昂贵的催化剂的化学成分相近的催化剂，直到发现成本低廉的那个。

“所以我们用三种不同的催化剂做了相同的实验，”她解释道，“其中，有两种在各项研究中被广泛提及，还有一种是新的钙基催化剂。我们希望可以从三个实验中得出不同的结果。”

实验结果显示，这种钙基催化剂不仅可以成功裂化分解塑料（这个过程叫作“催化裂化”，可以分解出液态和气态的副产品），且其速率更高，所需环境温度更低，因而更加安全。液态副产品将成为汽油的原料，为汽车与公交车等交通工具提供燃料，而气态副产品则可以制造天然气，用于家庭供暖等方面。

更棒的是，阿扎发现的钙基催化剂价格低廉，容易获取，方便运输。这些优点使得这种催化剂脱颖而出。

“我的科学项目不是要重新发明一种能源，”阿扎解释道，“而是要让能源更便宜、更高效。”

更不必说，还可以保护环境呢。

阿扎的目标是给可持续发展的废料管理系统制定一个合理的商业计划——尤其为像埃及这样的发展中国家——并且把她塑料变燃料的发明用于商业用途。

看来，未来已不再是那么出乎想象，它就在我们眼前。事实上，已经有公司在测试飞行汽车和自动驾驶汽车了（有人预计，本世纪20年代中期，自动驾驶汽车将会得到广泛使用）。所以，当一位青年企业家手捧一堆废弃塑料，用她的奇思妙想来为我们的汽车提供能源的时候，我们又有什么好吃惊的呢？

在一个科学博览会上，一位男性参赛者对阿扎佩戴的头巾说三道四。阿扎说，这让她意识到，她不仅是来赢得奖项的，更是来改变人们对发展中国家女性——尤其是对科学领域穆斯林女孩的看法的。

斯蒂芬妮·克沃勒克

凯夫拉纤维

积雪覆盖的山上，一位滑雪者身姿矫健地滑行而下。滑雪者并没有意识到，在她脚下，有一种神奇的材料提升了滑雪板的性能。这种材料不仅仅被用在滑雪板上，在飞机、运动鞋、轮胎、绳索、手套、轮船、靴子以及防弹背心上，都有它的身影。

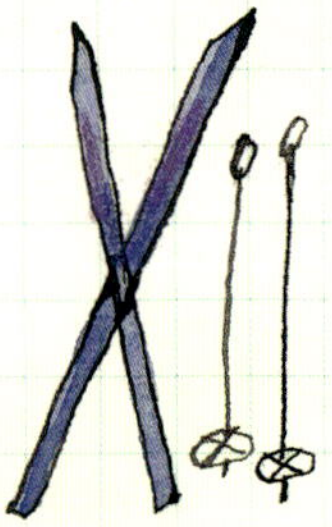

这种材料强度极高，甚至达到了可以防弹的

程度。同时，它极其柔韧且质量轻盈——用了它，飞机机体会减轻 800 磅（约 363 千克）的重量。这种曾经在虚构故事中被超人穿在身上的材料已经变成了现实。正是因为斯蒂芬妮·克沃勒克（Stephanie Kwolek）发明了凯夫拉纤维（Kevlar），我们有了一种比钢铁还坚硬五倍的材料。今天，从滑雪板到帆船再到太空飞船，随处可见凯夫拉纤维的身影。

作为杜邦公司的一位化学研究员，斯蒂芬妮的任务是寻找下一代的高性能纤维。

“那个时候，有传言说将会出现石油短缺的情况。”斯蒂芬妮解释道，“于是我们想，如果可以找到一种高强度、高硬度的轻质纤维，我们就可以用它来加固钢丝轮胎。用了这种材料，轮胎的质量将会减轻。这样的话，因为汽车的重量降低了，所需的能源也将随之减少。”

斯蒂芬妮花费数个月的时间试验高硬度的链状聚合物。有一天，她制备了一种不同寻常的溶液。当她搅拌溶液的时候，溶液变成了珍珠一般

凯夫拉纤维还拯救过生命。从 1987 年杜邦公司正式统计以来，有超过 3100 名警察因为穿了凯夫拉防弹背心而免于死亡。同时，凯夫拉纤维靴还耐高温、耐扎刺，这保护了无数消防人员的生命。

凯夫拉®
质量轻于尼龙
硬度强于玻璃纤维
涤纶可融化，
凯夫拉不可融化
耐久性强于皮革
强度高于钢铁
耐热性高于石棉

的乳白色。她把溶液抹在刮刀上，让其自然流下，溶液像胶水一样黏结在了一起，同时，它还像水一样地稀。这种同时具有固体和液体的性质的溶液叫作液晶溶液。斯蒂芬妮很快想到，杜邦可以将这种溶液用于编制纤维。

然而，当她把它带到技术人员手中时，他拒绝将其放入编制器中。技术人员认为，溶液的质地和混浊状态意味着其中仍然有固体颗粒，而这会堵塞喷丝头的小孔。

“我回到实验室想，也许他说得有点道理。”斯蒂芬妮说道，“于是我过滤了溶液，发现它可以穿过微孔玻璃漏斗，于是我明白了，溶液只是看上去浑浊，实际上并没有固体物质。”

斯蒂芬妮对技术人员晓之以理，和他反复争论了几个星期，试图说服他把溶液用于纤维的编制。最终，技术人员同意一试。纤维一制好，她就把它送到物理检测实验室检测纤维强度、硬度等方面的性质。测试的结果令人震惊，于是她又拿去检测了第二遍，第三遍。

在一次航天任务中，美国宇航局使用了 12 英里（约 19 千米）长的凯夫拉缆绳，固定住了一颗 1200 磅（约 544 千克）重的人造卫星。整条缆绳，比一支铅笔还细呢。

“当我拿到数据的时候，我很怀疑。”她回忆道，“我想，也许他们搞错了吧。我不敢告诉别人，这样的错误实在太丢脸了。”

斯蒂芬妮才没有丢脸呢。事实上，她发明了一种卓越的新材料，一种永远改变了高分子化学研究的纤维。同时，她也为杜邦公司赚得了数百万美金，自己也获得了一大笔奖金以及姗姗来迟的晋升。斯蒂芬妮也没有忘记，在产品的研发阶段，很多人加入了团队，他们同样为最终的成品做出了卓越贡献。实验室里大家欢欣鼓舞，不过，保密工作也很重要——难道是因为产品有什么问题吗？

小时候，斯蒂芬妮喜欢为纸娃娃做精致的手工外套。她会偷偷拿妈妈的缝纫机缝制布制外套。她早早就为自己选定了两个职业方向：科学家和时装设计师。发明了凯夫拉纤维，她可以鱼和熊掌兼得啦。

“有无数的问题呢！”斯蒂芬妮笑着说道，“有很多次，我们差点放弃，因为这种纤维实在太复杂了。当然，在你把一个产品用作商用之前，你还必须要保证生产过程和产品都是安全可靠的。”

每前进一步都存在着挑战，她说，但每一步也是学习的过程。1971 年，杜邦的车间第一次生产出了凯夫拉纤维。今天，当你环顾四周，凯夫拉纤维比比皆是。不论是帆船、球拍，还是赛车，成百上千的产品上都有它的身影。下坡滑雪板上的凯夫拉编织层减重又减振，运动鞋上的凯夫拉纤维在为脚部提供了一个更柔韧更坚固支撑的同时，还分散了地面对脚部的冲击。实际上，只要需要一种高强度、高硬度的轻质纤维，凯夫拉纤维就可以被派上用场。你还能想到什么可以使用凯夫拉纤维的场合吗?

艾丽萨·查韦斯

“勿忘我”坐垫

谁都会忘事，这再正常不过了。通常来说，忘事只会给我们带来小小的不方便——比如找不到钥匙，或是忘记带作业。但有时，片刻的遗忘却会酿成大祸。

每年，美国有约 42 名幼童因为被遗忘在后座上而死亡，悲剧发生时，他们往往在后座熟睡，且大都不足两岁。如果窗外温度达到 26 摄氏度，那么只需要 10 分钟，车内温度就会升到 37 度，孩子的体温也会随之迅速升高，最终导致中暑。

艾丽萨·查韦斯（Alissa Chavez）是一个来自新墨西哥州阿尔伯克基市的年轻人，当她读到仅在一年内，阿尔伯克基就发生了三起类似事件时，她为之心碎。艾丽萨决心减少这样的不幸事件，她发明了“勿忘我”坐垫（Hot Seat），这个发明可以向家长发出警报，让孩子的生命得到拯救。

“我认为，凭借目前已有的这些技术，”艾丽萨说道，“一定有什么方法可以避免悲剧的发生。因此，在我八年级的时候，我的科研课题就是调研类似事件的相关数据，这启发了我，让我想做些什么，让悲剧不再重演。”

在科学博览会中，她的发明获奖无数，备受好评。她决心不让这个发明仅止步于一个课堂项目，而是要将它变成真正可用的产品，来拯救更多孩子的生命。

在科学博览会中，艾丽萨展出了她的发明的第一个模型，她将产自睿侠公司（RadioShack）的可视警报器放置在车座前方。在车座上，她放了一个玩具娃娃，只要摄像机检测到了洋娃娃的存在，警报器就会响起警报。同时，警报器连接着车钥匙扣，一旦家长走远，警报器也会被触发。

为了进一步优化产品，生产出更实用有效的专业模型，艾丽萨

专利编号
9,000,906
"勿忘我"坐垫
15 英尺

开始在 Indiegogo 网站上众筹。她不相信自己能够成功，毕竟，她需要筹集到数千美元。

“结果是，我非常幸运，”艾丽萨说道，“当我开始众筹的时候，我的作品获得了一个由阿尔伯克基市市长颁发的奖项。通过媒体的报道，人们听说了这个产品，于是纷纷为我筹款。”

在科学博览会上获奖让艾丽萨获得了和市长共进午餐、向市长展示自己发明的机会。几年后，当艾丽萨做出了第一个真正的模型，她亲自打电话到市长办公室，向他汇报了发明的最新进展。市长邀请艾丽萨和政府员工一起讨论模型设计，创办小型企业。他还给了她另一个更大的惊喜——为她安排了一场记者招待会，让她向媒体展示她的发明。媒体报道了艾丽萨获得的奖项和她的发明，这让人们涌入她的众筹网站，为她捐款——这是一个多么美妙的巧合啊！

在试验了几个设计（主要是试错）之后，她选择了第五个模型。这时候，“勿忘我”坐垫已经进化成了小小的袋状，或者说，它更像是一个传感垫。坐垫放置在儿童安全汽车座椅的下方，其中的重量感应器可以感应到孩子是否在座椅上。同时，感应器通过蓝牙与智能手机上的应用相连接。

如果照顾孩子的人离开汽车超过 15~20 英尺（约 4.5~6 米），而坐垫中的传感器感应到了孩子的重量，手机上的警报就会被触发，提醒大人不要忘记车内的孩子。

“我雇用了一支工程师队伍，我们一起合作，试验不同种类的传感器和电池，连用什么样的电路板我们都试验了无数次。”艾丽萨解释道，“看着我的创意变成现实的感觉实在是太酷了！”

要创造一个全新的发明，自然会遇上许多全新的挑战。比如说，该如何延长电池寿命？如何把感应器连接到手机应用上？如何让蓝牙传感的半径保持不变，好让警报器可以在给定距离响起？又该如何将电路板和电池变薄，使座椅保持轻薄舒适？艾丽萨迎难而上，成功完成了设计。现在，年纪轻轻的她已经拥有了好几个专利，做好了改变世界的准备。

到 2017 年为止，艾丽萨·查韦斯仍然是获得专利的拉丁裔美国女性中最年轻的那个。在 14 岁时，她就申请了专利。2015 年 4 月，她的专利正式获得了编号 9000906。这一年，她只有 17 岁！

“创新正是我们需要的，对吧？”艾丽萨说道，“不论年龄大小，谁都可以去创新，我想每个人都有独特的视角，这让我们可以创造出各种奇妙的发明。”

有了艾丽萨的“勿忘我”坐垫，片刻的遗忘就不再会酿成悲剧，孩子生命安全的保护得到了大大提升。

格蕾丝·穆雷·霍珀

计算机编译器

曾经，谁能想到这一切会成真呢——用英文单词而不是数字代码给计算机发送指令简直是异想天开，发明一种自动编程的方法更是天方夜谭。但在格蕾丝·穆雷·霍珀（Grace Murray Hopper）看来，这样的发明不仅理所当然，而且必须要出现，也必然要出现。格蕾丝是美国海军军官，也是一位数学家，她创造了第一个计算机编译器，这为今天我们所熟悉的计算机编程铺平了道路。正是因为她的创新发明，在银行、公司以及政府中运行的高级计算机语言才能够得到开发。不仅如此，若没有她在编程方面所作出的开创性贡献，也不会有今天的电脑游戏。用了格蕾丝的编译器，有史以来第一次，不是数学家的人也可以向计算机发送指令，让其执行商业及私人领域的各式任务。

“之前没有人那么想过，是因为他们都没有我这么懒。”格蕾丝说道，“很多程序员喜欢用二进制数字，而我只想把工作完成。这是计算机应该干的事情。”

在计算机发展初期，格蕾丝和她的数学家同事们通过插入数字代码编写程序，发送指令。一串 0 和 1 的组合会产生特定的含义，比方说，如果格蕾丝想要停止计算机运行，她会输入“1001100”。不过，即使这些程序中包含许多相同的步骤，她也必须将每一个程序单独输入。这样的输入方法不仅浪费时间，而且，正如格蕾丝所指出的那样，也极具容易出差错。只要有一个数字输错了，整个程序就白写了。

“问题简单明了，”格蕾丝说道，“为什么每次编写程序都要从零开始呢？还不如开发一个可以一遍遍自动完成大量基础工作的编译器，这实在是理所当然的事情。”

在计算机这个迅速变革的行业，如果你总是想“但我们一直都是这么做的啊”，那你必将被时代抛弃。

对格蕾丝来说，一切都不过是理所当然。不过，对于她在雷明顿兰德公司（Remington Rand Company）的同事和上司来说，这却是白日说梦。

在办公室中，格蕾丝摆放了一个倒走的时钟，她用这个时钟来提醒自己和访客，任何事情都可以有所不同。格蕾丝说，英语中最糟糕的话便是："但我们一直都是这么做的啊。"

格蕾丝证明了他们是错的。在1952年，她开发了A-0系统，这个系统既是程序，也是一套指令，它可以将数字代码转换成机器码。为了完成转换，格蕾丝从几个程序中选取了特定的代码片段，并为每个片段编录了不一样的号码，如此，她就可以定位代码并按所需顺序将其排序。接着，她将不同的代码片段组合到计算机磁带上。

"我唯一需要做的便是写下一串编录号码，接着计算机就会在磁带上找到对应的代码片段，将他们自行组合起来。"格蕾丝解释道，"这就是第一个编译器。从那之后，我们就可以只写数学方程式，让计算机完成余下的工作了。"

随着A-0编译器的成功，她接着又开发了B-0

系统（之后改名为 FLOW-MATIC），这个编译器可以理解用英语发出的指令。根据格蕾丝的解释，因为可以将字母表中的字母转化为可识别的机器码语言，这个新的编译器某种程度上充当了翻译器。格蕾丝的目标正是发明一个用户友好的计算机。人们再一次告诉她，这不可能，而她也再一次证明了，他们是错的。

1945 年的夏天，格蕾丝和她的同事正在一台体型巨大，足有 50 英尺（约 15 米）长，名为 Mark II 的 IBM 计算机上工作。突然，计算机停止了运行。经过调查，他们发现一支蛾子进入了计算机，导致了继电器故障。他们小心翼翼地将蛾子取出，并把蛾子用胶带粘在了日志上，在下面标注道:“这是我们发现的第一只虫子（bug）”。从那之后，每当主管问他们为何不加快计算速度时，他们便会告诉他，他们正忙着调试计算机，给它除虫（debug）呢。从那之后，bug 这个词就一直伴随着我们了。

“当你有了一个好点子，而且你尝试过知道可行，那就一定要继续做下去，”她说道，“毕竟，成功之后再道歉可比开始时征得别人的同意容易多了。”

到 1957 年，在美国，格蕾丝的 FLOW-MATIC 已经成为计算机使用的三种程序语言之一，也是唯一能理解英文指令的程序语言。人们很快就认识到，一种可以在所有计算机中运行的通用语言是必不可少的。而格蕾丝决定承担起将计算语言标准化的责任，她认为，如果没有一种统一的语言，整个计算机行业将“中途夭折”。

格蕾丝·霍珀创新发明的编译器最终帮助开发了 COBOL 编程语言（common business oriented language），这是第一个使用于政府以及商业计算机的通用计算机语言。也正是因为她用户友好的编程思路，今天的高级编程语言才成为可能，电脑游戏才成为可能。现在，你唯一需要做的，就是把游戏打赢啦！

特蕾莎·普拉布

“再想想”应用软件

叮：“嘿，有什么事？”

叮：“作业不会做，唉。”

青少年都会用手机、即时通信软件或者社交媒体给对方发消息，这再正常不过。

叮：“你真是个混蛋。”

叮：“大家都讨厌你。”

不幸的是，这也可能成为网络霸凌的源头。

不过现在，多亏了特蕾莎·普拉布（Trisha Prabhu）的创新应用软件，我们不需大费周折就可以帮助青少年们冷静冷静，让他们想想自己是否出口伤人。有了特蕾莎的发明，他们可以在点击发送按钮之前三思而行，在一切都无可救药之前做出补救。

在八年级的时候，特蕾莎读到了一篇文章，文章讲述了佛罗里达州一名 11 岁女孩的故事，在遭受了长达一年，没完没了的网络霸凌之后，她再也不堪忍受，最终自杀身亡。

“这件事让我非常震动，我开始研究类似的事件，研究这个关乎很多方面的问题。”特蕾莎回忆道，“我很快清楚地认识到，需要有人站出来承担改变这一切的责任——而我决定成为那个发声的人，成为那个站出来改变这一切的人。”

在特蕾莎看来，大脑的发育非常有趣：大脑从后部向前部逐渐发育，90% 的大脑发育会在 13 岁前完成，而前额皮层——另外那 10% 的大脑——则需要另加 12 年才能发育完全。

她惊讶地发现，前额皮层在 25 岁之前都无法完全发育，而正是前额皮层负责决策能力的管理以及冲动情绪的控制。

“十三四岁的时候，青少年就有了手机，”特蕾莎说道，“他

特蕾莎热爱计算机和编程，但是从小到大，书籍才是她心之所向。她尤其喜欢《红色羊齿草的故乡》（*Where the Red Fern Grows*）和“聪明人”（Great Brain）系列丛书。

们会上社交网络，而这让他们在网络世界承担了很大责任。可是，他们却没有能力做出正确的决定，这不是很讽刺的一件事吗？”

她接着说道，“更要命的是，那些瞬间的冲动和情绪化的决定会让他们做出很多不好的事情。”

而这就是她的“啊哈”时刻——如果我们可以多给青少年一次机会，让他们在做决定前三思而行，让他们重新考虑一下即将发送的消息的含义，对于网络另一头的人来说，又会带来怎样的改变呢？

于是她设计发明了“再想想”（Rethink）的提醒，开始的时候，这是一个装在浏览器上的插件，后来进化成应用软件。如果用户输入了一个可能给他人造成伤害的消息，提醒就会跳出来，询问道，“你想再考虑一下你的说法吗？”

如果用户点击“不需要”，那么提醒就会消失，用户可以继续发送消息；而如果他们点击“好的”，那么他们便可以寻找一个更合适的方式重新编辑消息。

reTHINK
想想
这真的是你想说的话吗？
读书
作业
re
不需要

“你输入的每一个单词都被插入到了程序算法中，如果你输入的话与词库中冒犯无礼的单词组合有重合，程序就会注意到，‘再想想’的提醒就会弹出来，”特蕾莎解释道，“开发的过程困难重重，毕竟，我们不希望弹窗在你输入‘这个天气真讨厌’的时候也跳出来。”

在研发与测试阶段，特蕾莎对青少年志愿者进行了 1500 次测试。经过分析，她发现，如果有人能够在青少年做决定时提醒他们三思而行，在高达 93% 的情况下，他们会改变想法——这一数字令人震惊。

特蕾莎在热播真人秀“创智赢家”中展出了自己的发明，并和其中两位企业家达成了协议，他们投入了资金和技术来指导应用软件的发展。“再想想”应用软件广受好评，囊括了谷歌应用商店最具创新性的应用软件等奖项。目前，“再想想”应用软件已经在几个大洲，几千所学校得到使用。反对霸凌，三思而行的运动正稳步推进。

特蕾莎和她的“再想想”应用软件得到了很高的曝光。特蕾莎参加了 2015 年超级碗组织的活动，在活动中，她展示了她的软件，并倡导一个更加安全的互联网。而在白宫科学博览会上，她把应用软件展示给了奥巴马总统。

特蕾莎收到了来自全球各地的积极反馈，从家长到老师，从辅导员到执法机关，而最令人欣慰的，是来自孩子的认同。

“我听过太多次这样的话了，‘是的，我发了一些我之后很后悔的话，如果我有这个应用软件，我就会再多想想，也许我就不会陷入这样的境地了。’”

青少年都会用手机，即时通信软件，或者社交媒体给对方发消息，这再正常不过。

叮:“你烂透了！”

叮:“你就是个笨蛋！”

再想想！这真的是你想说的话吗?

只要再思索片刻，青少年往往会做出正确的选择。

玛格丽特·E. 奈特

平底纸袋折叠机

在美国和世界成千上万个商店中，无数的人们每时每刻都在使用这项发明带来的产品。玛格丽特·E. 奈特（Margaret E. Knight）发明的平底纸袋折叠机不仅革新了纸袋制造业，也永远改变了人们购物的方式。人们再也不需要把牛奶、肉类和奶酪装进沉重的木箱，也再不必费力地把果酱和面包塞进信封形状的袋子。因为有了平底纸袋，生活一下子便利了许多。

在哥伦比亚纸袋公司，玛格丽特的工作相当简单。她需要将公司制作好的纸袋集中叠放到一起，再系成整齐的一捆。普通的袋子由机器制造，而平底纸袋则需手工制作。工作了不到一周，一个奇思妙想便出现在了玛格丽特的脑海中。

“我有充足的空闲时间去进行观察，”玛格丽特说道，“我认真观察了机器是如何运转的，以及人们是如何手工制作平底纸袋的。”

玛格丽特想知道，为什么非要手工制作平底纸袋呢？要知道，这样费时且成本高昂，很少有顾客能买得起。她得知，并没有机器可以折叠、黏贴纸袋的平底部分。她觉得很奇怪，毕竟，平底纸袋明显是购物时更好的选择。

玛格丽特没有受过专业的机械工程训练，但她自小就和机器打交道。从她记事起，她便在棉花厂和制造厂中长大。实际上，比起洋娃娃和其他类似的玩具，小时候的玛格丽特更喜欢折叠刀、螺丝锥和碎木屑。

“我工作了一整个晚上，试图把平底纸袋折叠机的发条部分安排妥当。”在1867年3月9日的日记中，玛格丽特这样写道，“到目前为止，效果还不错。今天的工作完成得很好，如果剩下的部分也都是这样，我就很满意了。”

美国专利局

玛格丽特·E.奈特 马萨诸塞州波士顿市

109224号专利特许证，1870年11月15日

送纸装置的改善

No. 109,224

图2.

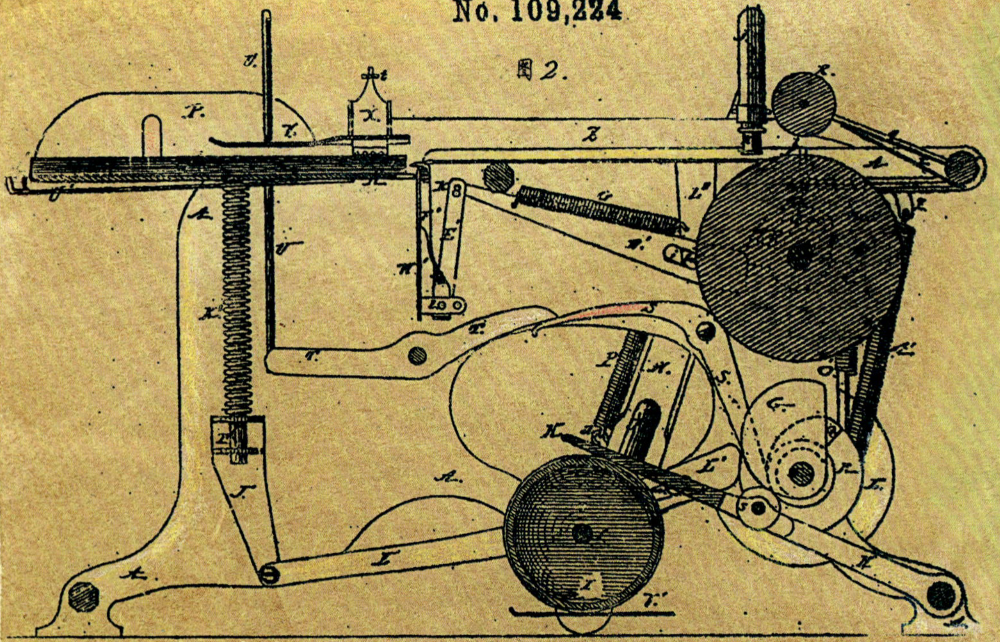

Margaret E. Knight
By her Attorney

图10

图11

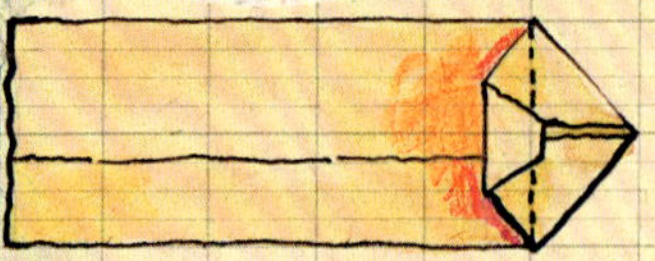

图12

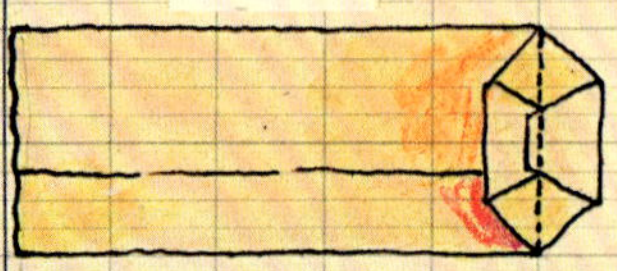

图8

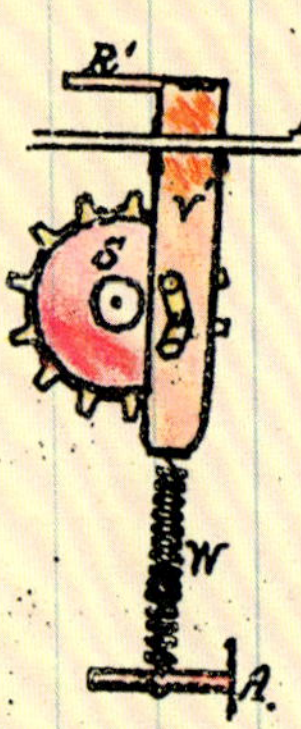

1867年3月9日

我工作了一整个晚上，试图把平底纸袋折叠机的发条部分安排妥当，到目前为止，效果还不错。今天的工作完成得很好，如果剩下的部分也都是这样，我就很满意了。

sheet is fed forward, (see fig. 6.) The upper plate presses down upon the paper until the cockle is made, and rises away from it to release the upper sheet at the instant when it is taken hold of by the feed-mechanism to be drawn forward toward the cylinder.

她先是把自己的想法绘制出来，接着，她制作了一个切割装置，又用锡板做了折叠装置，她将前者称为导向针，将后者称为板刀折叠机。最终，她成功用这个装置折叠出了一个平底纸袋。

“接下来我在商店里的机器上做了试验，我将两个导向针和板刀折叠机装配在机器上。”她解释道，“导向针切割管道中的纸张，再将其引导到板刀折叠机的上方，然后就可以成功地折出方形纸袋了。”

确定了机器确实可以折叠黏贴出平底纸袋后，玛格丽特比之前更加坚定了。在最初想法诞生的一年之后，她成功地制造了一个 2.5 英尺（约 76 厘米）长，1 英尺（约 30 厘米）宽的木制模型。

“在 1868 年 7 月，我已经造出了一个可以完美运转的模型。”玛格丽特说道，“应该说，我已经用机器制作了几千个纸袋。”

接着，她雇用了一位专业机械师制作铁质的机器，以便她用做专利申请。不幸的是，在她不知情的情况下，一个

叫作查尔斯·安南（Charles Annan）的人在机械师的商店中看到了制造中的机器。他将设计据为己有，试图以自己的名字申请专利。

玛格丽特下定决心澄清事实，和律师一道，她带着日记、样品、照片、录音、模型、折叠好的纸袋还有其他物证来到了华盛顿，在专利委员会上反驳了安南的说辞。

在经过长达16天的作证之后，她赢得了官司。平底纸袋折叠机被认定为玛格丽特·奈特的发明。在1870年，她获得了专利权。接着，她成了合伙人，并和商业伙伴在康涅狄格州的哈特福德共同成立了东方纸袋公司（Eastern Paper Bag Company）来批量生产她的发明。同时，她还建立了实验室，在那里，她做出了许许多多的发明，共计获得了27项专利权，媒体因此称她为“女版爱迪生”。

尽管玛格丽特的发明经过了时间的检验，她并未因此大赚一笔。据报道，有人出价五万美元买她的机器——这相当于今天的50万美元——但她拒绝了。值得一说的是，在她去世时，她身上只有275美元5美分。

直到今天，玛格丽特·奈特的纸袋折叠机仍然是机械工程史上的一个里程碑。在今天这样一个高科技时代，一个简单的纸袋仍是我们日常生活中不可或缺之物，这实在是项不凡的成就。消费者们，把薯片和辣番茄酱尽情扔进购物推车里吧，你的纸袋会帮你把它们通通带回家。

帕特里夏·巴斯医生

激光超声探针

眼睛是我们望向世界的窗户。但如果窗户上笼罩着一层雾气会发生什么？当朋友的面容，书页上的文字，美丽的风景变得模糊不清，昏黄黯淡，我们该如何是好？

让我向大家介绍帕特里夏·巴斯（Patricia Bath）医生，她发明的激光超声探针（Laserphaco Probe）通过摘除白内障，革新了缓解视力模糊的方法。白内障是一种非常普遍的疾病，通常困扰着老年人。如果患了白内障，眼内原本透明的晶状体会变得浑浊，视力便随之模糊受损。

情况已经够糟了，但如果不及时治疗，白内障会逐渐恶化，最终导致失明。巴斯医生的发明改善和拯救了成千上万患者的视力。

“我是个喜欢解决棘手问题的人，我想要接受挑战。”巴斯医生说道，“那时候，从来没有人想过可以用激光把白内障完全摘除，但我的发明却做到了这件事。”

帕特里夏·巴斯医生是美国第一位在医疗器械方面获得专利的非裔女医生。

正如许多发明一样，想出激光超声探针的主意时，巴斯医生正忙着解决另一个眼科问题（这个问题与用于穿透瘢痕组织的手术设备有关）。

受到一个关于临床激光使用会议报告的启发，巴斯医生经历了解决这个关于瘢痕组织的问题的“啊哈”时刻：只要她可以用光纤传输激光能量（光束），细细的光纤就可以安全地进入眼内，将瘢痕组织切除。

接着，她做出了那个“如果这样做呢？”的思维跳跃：既然激光已经在眼睛中，为什么不把整个白内障（那个浑浊的晶状体）

整个摘除呢？当时通行的手术方法步骤繁多，会造成多个切口，而巴斯医生的方法却正相反。在白内障被摘除后，只需要将人造晶状体放置在眼内，就可以恢复清晰的视力了。

“通过光纤传输激光，然后将光纤放入眼内的方法还没有被发明出来，而这正是我的创意所在。”巴斯医生解释道。

1986年，在公休假期间，巴斯医生花了很长时间进行了专门的研究和实验。她的实验需要用到一种大功率准分子激光——绰号“星球大战”激光（这个名字既来源于《星球大战》电影，也来源于里根总统提出的导弹激光防御系统，媒体将之命名为“星球大战”）。

可惜，因为政府将“星球大战”激光认定为军用级别的武器，其只能用于军事行动，美国的科学家无法获得激光的使用权。

于是，她前往柏林，在那里，她获得了使用“星球大战”激光进行实验的特别许可。她开始埋头进行实验的初步计算和准备：激光使用的范围，所需激光能量的强度和频率，所用的特定的能量度量标准，以及许多其他数据。每一步都至关重要，必不可少，因为她必须确定，如此大功率的激光不会引起爆炸！

“在获得实际操作的乐趣前，你必须完成充足的准备工作，”

激光超声探针
角膜
巩膜静脉窦
眼后房
眼前房
虹膜
睫状体
睫状突
晶状体
小带间隙
内直肌
视网膜
脉络膜
中央动脉管
巩膜

她说道，“那很有挑战，但一切准备就绪时，那将会是一个神奇的，让人灵光乍现的时刻。”

激光纤维再加上一个灌注抽送装置，这就是巴斯医生成功创造的激光超声探针——它可以在眼部完成单一细小的切口，并摘除整个白内障。

“最难的不是提出想法，只要你有一个好奇又爱钻研的聪明头脑，那简直轻而易举。”巴斯医生解释道，“将想法变为现实才是考验所在。”

巴斯医生知道，将自己的发明带到科学大会上去展示可是一件大事。于是，她在母亲不知情的情况下把她带到了会议现场。那是一个意义非凡的时刻，不仅仅因为人们发出的惊叹赞美之声，更因为她看到，自己让母亲无比自豪。

接着，她又补充了很重要的一点：随着时间的推移和新技术的涌现，医疗设备和手术方法不断革新。虽然在 20 世纪 90 年代，激光超声探针是最前沿的白内障摘除工具，但如今，它已经被新技术所取代。这是医学领域的发展规律，也正是创造发明的意义所在。

但在数年前，一位富有创新精神

的女性曾创造过一种工具，这种工具帮助白内障患者更高效更轻松地清除了眼前的那层浓雾。因为她的发明，白内障患者终于可以重新看清朋友的面庞、书页上的文字，还有美丽的风景了，他们的窗户又向世界敞开了。

珍妮·李·克鲁斯

太空防护罩

珍妮拿起一块因为撞击而变得坑洼不平的金属，重重地拍在了上司的桌面上。“我们必须要做点什么！”她断然说道。她指的是太空中轨道碎片的问题——在太空里，人造卫星、航天飞机或者空间站随时都可能撞上石头、沙砾或金属。她想用这块金属说明，撞击可能会带来怎样灾难性的结果。比如，太空飞行器的摧毁，实验的终结，生命的毁灭。

“以那种速度运动的物体会造成惊人的破坏。”珍妮解释道，“我很关注这个问题，因为这关乎飞船的安全。我穷追不舍，把别人都搞烦了。”

太空碎片的速度可高达每小时18000英里（约29000千米），也就是每分钟300英里（约480千米），每秒5英里（约8千米）。如果你以这个速度前进，你可以在一秒钟之内往返两英里（约3.2千米）外的商店。

最后，珍妮·李·克鲁斯（Jeanne Lee Crews），这位美国宇航局约翰逊航天中心的航空工程师，终于获准去解决这一难题。她的目标是找到一种可以让飞船抵御太空中极端环境侵扰，并保护飞船免受太空碎片撞击的轻型屏障——一种太空飞船防护罩。她的聪明才智开启了太空防护罩的研究与发展，从那之后，太空计划的安全实施就再也离不开太空飞船防护罩了。

珍妮决定不使用最常用的厚铝制板，而是创造一个多层的太空防护罩。迈出解决问题的第一步，形成初步的思路并不困难。接下来，珍妮遇到了最艰巨的挑战，她需要确定使用何种材料以及如何高效地将它们组装起来。最终，她决定使用一种常用于壁炉内壁的陶瓷织物，这可是一个创造性的解决方案。

“我们使用了Nextel陶瓷织物，将其放在数个薄层之间，创造

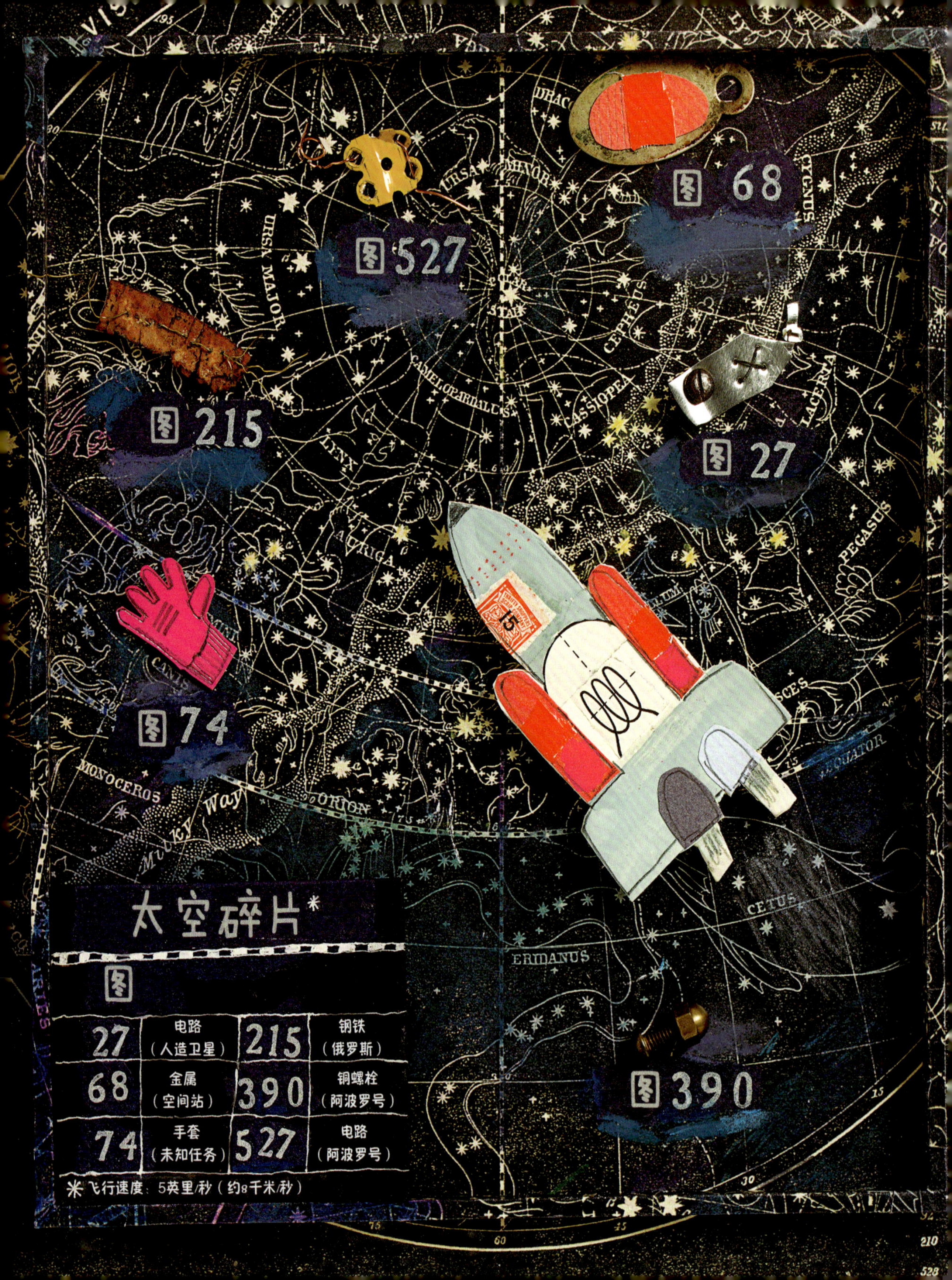

太空碎片*

图		图	
27	电路（人造卫星）	215	钢铁（俄罗斯）
68	金属（空间站）	390	铜螺栓（阿波罗号）
74	手套（未知任务）	527	电路（阿波罗号）

*飞行速度：5英里/秒（约8千米/秒）

出了一种具有强大冲击效果的柔性屏障。”珍妮解释道，“它可以一次一次又一次地冲击颗粒。”

屏障对颗粒造成冲击（在撞击时产生冲击波），使得颗粒分解。在成功设计和制造屏障之后，珍妮测试了它的性能和可用性。当然，她无法在太空中进行测试，好在，她还有另一个选项。在一个150英尺（约46米）长的金属建筑物中，珍妮的团队进行了实验。他们使用一种名叫轻气炮的高科技工具模拟了太空中的撞击环境。

“最大的轻气炮约有100英尺（约30米）长，我们使用的高速摄像机每秒钟可以拍摄一百万帧，我们给飞行中的弹丸拍摄了逐帧的照片。”珍妮说道，“使用轻气炮并不难，难的是让这两个装置同时工作。”

几个月后，珍妮成功地制造出了多层冲击屏障，屏障由四层陶瓷布料组成，每层之间有3英尺（90多厘米）的空隙，其总重量比一片铝制板还轻。但现在，珍妮又遇到了新的挑战，她需要为国际空间站的宇航员们生活居住的舱室设计一个保护罩。舱室只有4.5英尺（约137厘米）的空间，再使用1英尺（约30厘米）厚的多层冲击屏障便不可行了。珍妮和同事们匠心独具，简单调整了一下多层冲击屏障便完成了任务，他们将其压缩压平，并添加了一种新的材料——也许你听过它的名字，是的，正是凯夫拉纤维。

珍妮这样解释防护罩的工作原理：“首先，在飞船外面会有一层铝制板，它会将碎片分解，分解形成的颗粒会穿过铝制板，有些进一步分解，有些则撞到 Nextel 陶瓷织物上，这样，颗粒的大部分都会被破裂分解。”

这时候，仍然有一些含有巨大能量的运动碎片，但其速度已经明显减慢，大概在每秒 1 千米，这差不多是一颗子弹的速度。

“在陶瓷织物的后方，还有凯夫拉纤维，它会进一步减慢碎片的运动速度，这样，没有碎片会接触到飞船的后板。这就是我们在空间站使用的防护罩。”

美国宇航局获得了珍妮·克鲁斯和她的同事们发明的防护罩的专利。他们设计的多

种防护罩被用于保护宇航员和空间站，并为关键实验提供安全环境——太空环境可以最好地达到这些实验的理想条件，尤其是微重力实验（太空中环境最接近于零重力）。通过太空实验和对太空的探索，我们收获了知识，并从卓越的科学成就中获益，享受成千上百件有趣的发明为我们带来的福祉，这些发明包括心率监测器、控制糖尿病的胰岛素泵、自行车头盔和卫星电视。谁知道我们还能在太空中发现什么好东西呢？也许，是好用的高科技网球拍；也许，是治愈癌症的方法。

基娅拉·尼尔根

用橙子皮抗旱

把橙子皮和牛油果壳切成薄片或小块，在阳光下晒干。美味当然谈不上，但是对接近旱死的庄稼来说，这正是解渴的完美配方，是那丝生存的希望。

媒体称基娅拉·尼尔根（Kiara Nirghin）为“用水果抗旱的女孩”，这句简短的描述道出了她开创性科学发明的精髓。基娅拉发明了一种低成本、可生物降解、由橙子皮和牛油果壳制成的高吸水聚合物（superabsorbent polymer，SAP），这个发明也许将会彻底改变人们应对严重干旱的方式。做出发明的时候，她正在为谷歌科学挑战赛寻找合适的选题，而问题正发生在她的身边。

在她的家乡约翰内斯堡，一个全国性的灾害充斥着每日的报纸头条："南非正经历30年一遇的大旱"，"南非的作物生产因为旱情而紧张"。旱情使得适宜种植玉米的土地面积减少了30%。动物也在死亡，到目前为止，全国已经有15%的牲畜死于干旱。潜在的食物短缺问题引得民众担忧，玉米等主要粮食的价格也随之飙升。

尽管她只有十几岁，又在农业领域毫无经验，而问题之棘手超乎人们的想象，但这并没有把她吓跑。

"我父母从事的并不是与科学相关的职业，但他们一直相信我的能力，他们告诉我，只要努力研究，保持热情，你能做成任何事情。"基娅拉说道。

于是她开始了研究，她主要在网络上查询资料，同时也使用图书馆资源。渐渐地，基娅拉了解了抗旱的基本原理。

研究表明，当降水量不足时（南非那年的年均降雨量比正常水平低了34%），将高吸水聚合物混合在泥土中可以有效地帮助土壤保持水分，从而促进作物生长，提升存活率。（高吸水聚合物可

以吸收储存数百倍于其重量的液体）

尽管有效，但高吸水聚合物成本极高，且不可被生物降解。于是，基娅拉提出了一个问题：有没有可能发明一种可生物降解的新型高吸水聚合物？这样，既可以充分储存水分，让土壤保持湿润，又成本低廉。她决定找出答案。

“橙子是我试验的第一个水果，”基娅拉解释道，“根据我的研究，我发现高吸水聚合物的特质正在于它的多糖键，我又发现橙子皮中含有超过63%的多糖，这是一切的开始。”

她说，她大部分的实验过程都在试错。第一次尝试时，她仅仅使用了橙子皮，结果并不奏效。接下来的研究让她考虑使用植物油，接着，基娅拉想到，牛油果壳中的天然油脂也许效果不错。

基娅拉面临的最大挑战之一是时间管理问题，这个问题非常实际——她每天都要上学，完成家庭作业，而这个项目又需要花费大量精力，挤出时间自然很不容易。

基娅拉用六种不同的高吸水聚合物分别做了三个不同试验，其中三种是市面上可以买到的（果胶、丙烯酸聚合物以及淀粉），剩下则都与她独创的橙子皮有关：橙子皮溶液，橙子皮粉末以及橙子

只要努力研究，
保持热情，你能做成
任何事情！

皮混合物。

“我做的第一个实验计算了每种高吸水聚合物能够吸收储存多少水分。”基娅拉解释道，“接着，我把这些高吸水聚合物混合在沙土中，并用水浸湿土壤，我只在第一天这样做，而整个试验共计 21 天。在最后一个实验中，我创造了与现实相似的场景，希望检测出每种高吸水聚合物对植物生长有怎样的影响。”

橙子皮混合物最终胜出，它可以吸收更多的土壤水分，在高度和花期两方面，用了橙子皮混合物的作物生长情况也最好。橙子皮混合物不仅性能超过了市面上效果最好的高吸水聚合物（丙烯酸聚合物），更棒的是，它价格低廉。丙烯酸聚合物每吨售价约 3000 美元，而橙子皮混合物可以从果汁制造工业的废料中提取，每吨售价仅需 60 美元。

基娅拉带着她的橙子皮高吸水树脂参加了 2016 年谷歌科学挑战赛，尽管竞争激烈，她还是脱颖而出，获得了大奖！大赛为她指派了一位导师，帮助她将这个发明推向市场。同时，她还收到了高达五万美元的教育奖学金！

“在我感兴趣的领域，研究寥寥无几，”基娅拉说道，“而这正是我想法的跳板，因为似乎没有人这么想过。”

“用水果抗旱的女孩”，听起来好像是一部马上要上映的超人英雄电影。如果基娅拉的高吸水聚合物发明真的可以得到商业化生产，并且成功应用于农业，那么毫无疑问，一个新的超级英雄已经诞生。

裴西·谢尔曼

思高洁防污剂

派对上人声鼎沸，欢声笑语，觥筹交错。在大伙拆了十个礼物，洒了六罐苏打水，掉了三个纸杯蛋糕和两个三明治在地板上之后，派对结束了，客人纷纷离开，留下一堆烂摊子等着你收拾。看着黏糊糊的沙发和脏兮兮的地毯，你摇了摇头。

污渍当然不可避免，有时候，你把果汁擦擦干净，把毛巾扔进水池，然后就走出门踢足球了，但有时候，你会发明一个永远改变纺织工业的产品——这正是裴西·O.谢尔曼（Patsy O. Sherman）发明“思高洁防污剂”（Scotchgard）的故事。1952年，作为科学家的她被3M公司聘用从事一个短期项目的开发，她的任务是创造一种用于喷气式飞机上的新型燃油软管。有一天，当裴西在制作橡胶与合成乳胶混合物时，意外发生了。

“一小瓶四盎司重的黏稠棕色乳胶混合物掉在了地上。”裴西解释道，“瓶子摔碎了，溅得助手满球鞋都是。”

他们用了各种方法，尝试把球鞋清理干净，他们用水抹，用肥皂擦，用了实验室的每一种清洁试剂，但是污渍仍然顽固不去。裴西注意到，每一种清洁剂都会在污渍上形成水珠状，几个问题闪过她的脑海：为什么会这样？这有什么意义？我们可以做点什么？最终，她意识到，这个乳胶混合物可以成为一种用于防污的纺织物保护剂。在此之前，从未有人这么想过。

因为过于黏稠，溅在球鞋上的那块污点远远无法达到理想织物防污剂的标准。裴西和同事萨姆·史密斯（Sam Smith）必须设计创造出一种专用于纺织物的产品。他们最初的尝试堪称灾难。

使用"思高洁"
未使用"思高洁"
29
使用"思高洁"
未使用"思高洁"
35
使用"思高洁"
未使用"思高洁"
37
使用"思高洁"
未使用"思高洁"
48
使用"思高洁"
未使用"思高洁"
56
使用"思高洁"
未使用"思高洁"
68
番茄汤汁
29
蜡笔
35
咖啡
37
颜料
48
墨水
56
葡萄汁
68
苏打汽水
106
树莓果酱
124
使用"思高洁"
未使用"思高洁"
106
使用"思高洁"
未使用"思高洁"
124

“第一次试验的产品黏性太高了，在制作织物的过程中，黏稠的橡胶堆积在了压辊上，”裴西回忆道，“而下一个则太硬太脆了，经过压辊的时候直接被挤压成了粉末。”

在试验阶段，裴西需要等待别人告诉她试验结果。信不信由你，就因为她是一个女人，她甚至不能亲自到场监督试验过程！在 20 世纪 50 年代，对女性的歧视不仅仅在纺织厂，在一般的工作场合也普遍存在。许多男人认为女性没有能力取得事业上的成功，只会在他们工作时“碍手碍脚”。

防污剂发明让裴西获得了几项专利，3M 公司也使用“思高洁”商标向市场销售这几项产品。尽管她没有因为发明得到任何报酬，但她由 3M 公司的短期雇工成了固定员工，这份工作，她一干就是 40 年。

“我们花了不少工夫才做出满足消费者需求的产品。”裴西说道，“然后我们需要把成本降低，这样消费者才愿意出钱来买。”

1956 年，思高洁问世，之后，裴西花了几年时间对产品进行改进，并且针对不同布料和用途做出了新的调整。她没有忘记指当物美价廉的免烫思高洁防污剂被发明出来时，制造厂的经理告诉 3M 公司，他们已经制造了大量产品，可以供应整整一年。而就在产品面世的几天之后，所有库存就销售一空。

出，3M 公司其他的科学家也参与到了思高洁的开发过程，许多人同样做出了卓越的发现。

但最大的挑战还在后头，她需要开发出一种用于新型免烫衣物的防污剂。因为免烫织物的特点，裴西需要找到一种既能防污又能在洗涤时让污渍易被清洗的试剂。人们告诉她，那是不可能的，可裴西不信。第一次实验结果便令人兴奋，到了第二天，因为这个项目前景光明又如此重要，整个实验室都加入了她的团队。

“我们一下子就有了大家都想购买的商品”，她回忆道，“而这就是产品成功的开始。”

正是因为那个小小的意外，因为裴西·谢尔曼和同事们的聪明创造，日常污渍再也不是什么大问题了。今天，市面上有上百种思高洁防污剂和清洁剂，最初的配方已经被重新调整，以满足市场的需求。在全球超过 50 个国家，都有思高洁的身影，这也为 3M 公司带来了滚滚的利润。大部分的家具和地毯都会在工厂用防污剂进行预处理。所以，当你把汤汁或者汽水洒在沙发上时，再也不用着急，你只要记得把它擦干净就没问题了！

在发明思高洁9年前，裴西参加了高中的兴趣测试。在1974年，男孩和女孩接受的是不同的测试，尽管裴西想成为一名科学家，她的测试结果却显示，她应该成为一个家庭主妇。她不服气，要求接受男孩子的测试，测试结果是，她会成为一名牙医，或者一名化学家。

安·摩尔

“依偎”婴儿背带

每天都有这么多工作要做，要在电脑上办公，收拾庭院，去商店采购，准备午餐，再清理餐桌，还要保证婴儿不哭不闹，安静舒适。世界各地的父母和保姆一边做着各项工作，一边殚精竭虑地安抚着婴儿们。他们开玩笑说，他们需要多几只手。不过现在，他们有了一个比更多只手更好的东西呢。

一切都始于那段西非的经历。安·摩尔（Ann Moore）在西非的和平部队服役两年，作为一名儿科医生，她有很多机会观察婴儿和母亲之间的亲密互动。安注意到，非洲母亲会把婴儿裹在颜色鲜亮的布里，再把裹布搭在自己的背上，这让婴儿感到安全又舒适。回到家中，随着自己的孩子的出生，安决定复制这个做法——既为孩子提供舒适，又让自己生活工作更加便利。而这次模仿性的创造开启了一个价值数百万美元的行业："依偎"（Snugli）婴儿背带。

"我尝试了非洲的方法。我模仿她们用一块大约三码长的布把婴儿裹好，让婴儿稳稳地待在背上，然后绕着胸口和腰部把布系紧，但孩子根本待不住。"安笑着解释道，"过了一会儿，孩子总是会从我的背部滑下去，这让我感觉很不安全。"

安向母亲露西·欧克曼（Lucy Aukerman）寻求帮助，她的母亲参考了她非洲之旅的照片，制作了一个更实用更好穿的婴儿背带——背带包括一个有两个洞的舒适裹布，婴儿的腿可以从洞里伸出去，以及两条可以将裹布固定并系紧在背部的肩带。

"我们从没想过要去卖它。"安回忆道，"当时完全是为了让宝宝舒服，同时，解放我的双手。"

Lengthen or sh
FIG. 2.

效果非常不错，所到之处，人们都对安的婴儿背带啧啧称奇。“我可以上哪儿去买这个？”她们问道。

“我妈妈会给她们一人做一个，我负责寄出去。”安解释道，“人们口口相传，那是一切的开始，也是我们能够越做越大的原因。”

背带的包装设计是在一个狭长的由煤渣砖堆砌而成的建筑中完成的，在改建之前它本来是一个狗窝。而手工背带的制作则是在安父母农场里的生产厂完成的，那里曾经是一个鸡舍。

1965年，安和母亲每个月只能售出两个婴儿背带。在《全球目录》（Whole Earth Catalogue）刊登了她们的发明之后，销量激增至每个月18件。现在是要认真一点了，安和母亲还有丈夫迈克一起头脑风暴了一个名字。迈克辞职，全职从事婴儿背带的销售工作。他们申请了专利，并且成立了一家公司，他们设计了特殊的包装盒并且做了一些小的改进。

“第一个产品没有可调节的肩带，”安说道，“我没有意识到我必须要把它穿在大衣和厚衣服外面。我们必须想出调节肩带的方法。”

几年来，安收到过一些动物园里动物宝宝的照片。看起来，连动物园里的小猩猩和小袋鼠也觉得“依偎”婴儿背带很是舒服呢。

对“依偎”婴儿背带的需求快速增长，20 世纪 70 年代早期，安的公司还是一个月销售量三百件的手工作坊，然后……

“根据 1975 年的消费者报告，在所有婴儿背带中，‘依偎’是最好的。”安说道。

然后，公司开始茁壮成长。1979 年，他们设计出了一种新型的背带，面料更硬，且可以在工厂里批量生产。他们仍然销售手工制作的背带，但是消费者也可以选择购买机器制造、价格更加低廉的背带。现在，“依偎”公司每月会生产 8000 个手工制作背带，以及 25000 个机器制造的背带。到 1984 年，公司每年的销售额已经高达 600 万美元。1985 年，安和迈克在几个竞价中选择把公司卖给了霍菲公司（Huffy Corporation）。对于爸爸妈妈和婴儿们来说，安·摩尔的婴儿背带已经成为必需品。有了安的婴儿背带，只需要两只手就足够边工作边照看婴儿啦！

爱丽丝·布鲁克斯和贝蒂娜·陈

“房屋工程师”玩具

想象，设计，建造。点亮电灯，发动马达，风扇开始旋转，机器开始运转，电梯开始工作。

连接电路，检查接口——这听起来像是工程师的日常，但如果你是一个喜欢解决问题，热爱创造，又爱玩游戏的8岁小孩，这也可以是你的工作。

因为想让更多的小女孩体验到作工程师的乐趣，爱丽丝·布鲁克斯（Alice Brooks）和贝蒂娜·陈（Bettina Chen）发明了“房屋工程师”（Roominate）——一个模块式建筑玩具，在其中，你可以手动组装电路，来为小电灯和马达提供动力。爱丽丝和贝蒂娜是工程学研究生，当发现班里的女生寥寥无几时，她们深感不安。她们认为这是一个严重的问题，于是她们开始思索自己可以做点什么，来鼓励更多女孩进入工程学领域学习。

贝蒂娜回忆起，她小时候会用乐高玩具搭建房屋，爱丽丝则记起，她本来想要一个洋娃娃做生日礼物，但却得到了一把锯子，接着，她用这把锯子给自己做了一个木娃娃。

“在成长的过程中，我们都曾经有过设计制造以及发明的经历，尤其是在课堂以外，这让这件事更加有趣了。”爱丽丝说道。

二人都认为，自己之所以在大学的物理数学课堂以及空间学习时的动手实践中如此自信自如，正是因为她们从小就和工程制造打交道。

“我们讨论了这个问题，”爱丽丝回忆道，“我们突然灵光一现——也许我们应该从‘玩’开始，从课堂外开始，用这样的方式把她们引进门。”

她们做的第一个模型其实正是模块式建筑玩具，但她们觉得

房屋工程师
插电
电灯
电扇
响铃
75
x15
1125
连接
墙壁
地板
连接
楼梯
椅子
桌子

效果不好，于是她们又尝试让孩子自己安装马达来驱动玩具车，可是孩子们玩得心不在焉。接着她们把汽车换成了宠物，但还是不奏效。

“最重要的是，我们不断尝试，希望让游戏更加有趣，更加吸引人。”爱丽丝说道。

在几次失败的尝试之后，她们重整思路，反思道：我们努力做的到底是什么？我们想要完成一个什么样的产品？答案很简单：她们想要让孩子——尤其是小女孩——对连接和使用电路感兴趣。

她们对自己观察到的各样流行玩具来了个头脑风暴，发现在玩具店的角落有许多玩具屋，这些玩具屋令孩子感到熟悉，玩起来舒适，同时难度又不大。她们想到，如果给孩子们一整套材料，让她们自己建造房屋，并给房屋安上电路，肯定很有趣。

她们制作的第一套材料一点也不花哨：泡沫芯、牛皮纸、棒冰棍，再加上从之前的玩具车上拆下来的小马达。

“这次的效果和之前简直天差地别！”爱丽丝回忆道，“我们和大约20个孩子待在一个房间里，她们不停地对父母说‘我还没玩完呢，妈妈，让我再玩会儿吧！’然后她们对我说，‘我还要更多的电路。’那时候我们知道，这次的尝试是奏效的，是可以继续下去的。”

从那之后，她们不断邀请孩子试玩并改进自己的产品。2012年，她们把自己的发明带到了“创造者大会”（Maker Faire）上，上百个孩子参观了她们的展位，她们告诉爱丽丝和贝蒂娜，自己发挥的空间还不够大。孩子们想拥有更多的自由、选择和零件来创造属于她们自己的设计。

不久之后，她们准备将其推向市场。为了获得生产资金，她们在 Kickstarter 众筹网站上发起了众筹，在短短六天内，她们就筹集到了所需要的两万五千美元。

在 Kickstarter 筹集资金之后，她们找了一些朋友，来帮助她们包装并寄送第一批订货。她们一边在仓库里开足球派对，把比赛投影到墙壁上，一边合作完成了 2000 份订单的包装和寄送。

在“房屋工程师”发布的两年后，爱丽丝和贝蒂娜在“创智赢家”上展示了她们的作品，希望可以获得投资，把公司做大。最终，她们得到了一位商业大亨的青睐，在他们签订的合约中，有一条独特的条款：大亨的两个小女儿可以在她们的公司里玩耍，学习怎样把一个创意点子变成一项成功的事业。

“一路走来，有无数的困难，”爱丽丝说道，“但是能看到孩子们玩我们的玩具屋，看到女孩们的那些奇思妙想，看到她们为自己的创意感到自豪，这一切都是值得的。”

孩子们建造房屋，其中，风扇和电梯正完美运转；她们建造了床、桌子和椅子；她们建造了可以点亮的桥梁、旋转木马、汽车和飞机。爱丽丝和贝蒂娜不断对“房屋工程师”进行改进，为孩子们提供更多的部件和电路，让孩子们尽情发挥她们无限的创造力。

要想知道这个玩具是否会让一个女孩去攻读工程师学位，还需要几年时间。但是，孩子们正在不断地想象，设计，建造，在不断地把一个个电路联通——毕竟，多好玩啊，不是吗?

该你了！

如果你也有了自己的发明，一个与众不同、独出心裁、令人耳目一新的发明，你该怎么办呢？获得发明的专利也许是重要的第一步。专利是政府为保护发明创造而签发的法律文件，实用性专利是指那些机械或电器领域的发明，而创造性专利既包括新发明，也包括对于现有产品的原创设计改进。

想要获得一个发明的专利，你需要证明它的原创性、有用性，以及你是它的首创者。专利申请包含表格、注解和模型。如果你证明了自己的发明是独一无二的，你需要缴纳专利费，然后就会获得专利编码。从申请专利之日算起，你的发明将受到 20 年的法律保护，而且你有权从中获利。

然而，并不是所有发明者都会因申请了专利而获利。申请专利可能十分昂贵，同时，因为各样发明特点不同，有些时候专利并不必要。一个出色的专利律师应该根据你的发明，帮助你斟酌申请专利的利弊。

如果你还想要了解更多关于专利申请的信息，你可以访问以下网站:

美国专利商标局

www.uspto.gov

发明家帮助中心 (IAC)

(800) 786-9199

中国国家知识产权局（译者增补）

www.sipo.gov.cn/

同时，还有许多鼓励年轻人创新的比赛和机构，比如以下几个:

美国发明名人堂（National Inventors Hall of Fame ）

www.invent.org

Camp Invention: campinvention@invent.org

年轻科学家挑战赛（Young Scientist Challenge）

探索教育（Discovery）/ 3M 公司承办

youngscientistlab.com

谷歌科学挑战赛（Google Science Fair）

googlesciencefair.com

英特尔国际科学与工程博览会（Intel International Science and Engineering Fair）

student.societyforscience.org

青年发明者计划（Young Inventors' Program）(YIP)

发明协会（Invention Convention）承办

aas-world.org

美国联合发明家协会（United Inventors Association of America）(UIA)

uiausa.org

国际发明家协会联合会（International Federation of Inventors' Association）（IFIA）

ifia.com

创造者大会（Maker Faire）

Makerfaire.com

参考资料

1. Al-Ardah, Nour. Email correspondence with the author. Eden Prairie, MN, 2017.

2. Associated Press. "Palestinian Girls Get Ticket to Intel Science Fair." April 27, 2010, Arab News, online.

3. Bath, Dr. Patricia. Interview by author. Audio recording (telephone). Eden Prairie, MN, 2017.

4. Billings, Charlene W. *Grace Hopper: Navy Admiral and Computer Pioneer*. Hillside, N.J.: Enslow, 1989.

5. Born Just Right.www.bornjustright.org

6. Brooks, Alice. Interview by author. Audio recording (telephone). Eden Prairie, MN, 2017.

7. Burgess, Kim. "Young Inventor Creates App to Save Kids Left in Hot Cars." *Albuquerque Journal*, January 2, 2017, online.

8. Chavez, Alissa. Interview by author. Audio recording (telephone). Eden Prairie, MN, 2017.

9. Crews, Jeanne Lee. Interview by author. Audio recording (telephone). Minneapolis, February 10, 1998.

10. Dewedar, Rasha. "Student Finds New Way of Turning Plastic into Biofuel." *SciDev. Net*, June 29, 2012.

11. The Empowerment Plan. www.empowermentplan.org/the-coat.

12. Faiad, Azza Abdelhamid. Interview by author. Audio recording (telephone). Eden Prairie, MN, 2017.

13. Freeman, Chris. "Roominate Update After Shark Tank—How They're Doing in 2017." *Gazette Review*, April 15, 2016.

14. Global Women Inventors and Innovators Network. www.gwiin.com.

15. Google Science Fair. www.googlesciencefair.com/en.

16. Hamacher, Adriana and Andra Keay. "Twenty-Five Women in Robotics You Need to Know About—2015." *Robohub*, October 13, 2015.

17. Karnes, Frances A., Ph.D., and Suzanne M. Bean, Ph.D. *Girls and Young Women Inventing*. Minneapolis: Free Spirit Publishing, 1995.

18. Kwolek, Stephanie. Interview by author. Audio recording (telephone). Minneapolis, January 20, 1998.

19. Lee, J. A. N. "Unforgettable Grace Hopper." *Reader's Digest,* October 1994, pp. 181–85.

20. Lemelson Center for the Study of Invention and Innovation. www.invention.si.edu.

21. LuminAID. www.luminaid.com

22. Ma'an News Agency. "Palestinian Girls Win Award for Sensor Cane at Intel Faie." May 18, 2010.

23. Macdonald, Anne L. *Feminine Ingenuity: Women and Invention in America.* New York: Ballantine, 1992.

24. McKeown, Blanche. "She Invented the Windshield Wiper." *Record*, January 1956, pp. 10–12.

25. Monks, Kieron. “Sixteen-Year-Old South African Invents Wonder Material to Fight Drought.” *CNN*, August 14, 2016.

26. Moore, Ann. Interview by author. Audio recording (telephone). Minneapolis, June 17, 1998.

27. National Institutes of Health. “Changing the Face of Medicine.” October 14, 2003, (Updated: June 10, 2013). cfmedicine.nlm.nih.gov.

28. National Inventors Hall of Fame. www.invent.org.

29. Nirghin, Kiara. Interview by author. Audio recording (telephone). Eden Prairie, MN, 2017.

30. Prabhu, Trisha. Interview by author. Audio recording (telephone). Eden Prairie, MN, 2017.

31. Reeves, Lynn. “Concern Gave Boon to Drivers.” *Birmingham News,* February 13, 1972, pp. 10–12.

32. ReThink Words: www.rethinkwords.com/inthenews.

33. Showell, Ellen H., and Fred M. B. Amram. From Indian Corn to Outer Space: *Women Invent in America*. Peterborough, NH: Cobblestone Publishing, 1995.

34. Stallworth, Clarke. “Southern Belle Invented Wiper for Windshield.” *Bir-mingham News*, February 20, 1977.

35. Stanley, Autumn. *Mothers and Daughters of Invention: Notes for a Revised History of Technology*. Metuchen, NJ: Scarecrow Press, 1993.

36. Stork, Anna. Interview by author. Audio recording (telephone). Eden Prairie, MN, 2017.

37. U.S. Patent and Trademark Office: Before the Commissioner of Patents. “Testimony for Margaret E. Knight; Deposition of Margaret E. Knight.” Boston, May 5, 1870.

38. U.S. Patent Office. "Specification forming part of Letters Patent No. 743,801," Mary Anderson, of Birmingham, Alabama, Window-Cleaning Device. November 10, 1903.

39. Vare, Ethlie Ann, and Greg Ptacek. *Mothers of Invention: From the Bra to the Bomb, Forgotten Women and their Unforgettable Ideas*. New York: William Morrow, 1988.

40. Vare, Ethlie Ann, and Greg Ptacek. *Women Inventors and Their Discoveries*. Minneapolis: Oliver Press, 1993.

41. Women Inventors Network. www.ifia.com/women-inventors.

术语解释

“啊哈”时刻：突然意识到，来了灵感，有了洞察力，能识别或理解的时刻。也叫做尤里卡或灯泡时刻（汉语中的“恍然大悟”“灵光乍现”与此类似——译者）。

抽送装置：通过抽吸的方式把东西放入、吸出，或让它通过（管道或容器）。

可生物降解的：能够被生物的作用所分解。

催化剂：一种能使化学反应加快或者在不同情况下（如温度较低）发生的物质。

电路：一个为电流通过提供完整路径的电子元件的组合。

配重：等量的重量或力量。

众筹：一种面向众人特别是在线社区（例如为一个初创的项目）获取所需资金的做法。

红外线：在电磁波谱中介于可见光和微波之间的一种电磁波。

灌注：用液体对身体的某个部位进行治疗性的冲洗。

LED：当电流通过时能够发光的半导体二极管，常用于电子设备（例如指示灯）。

导师：一个值得信赖的顾问、指导或教练。

模块 : 为了更加灵活和多样而采用的标准化的单位或尺寸。

聚合物 : 由重复结构单元组成的化合物。

高吸水性聚合物 (SAP): 与它本身相比，一种可以吸收和保留极大量液体的材料。

多糖键 : 由糖苷键连接在一起的重复单元组成的一类碳水化合物。

义肢 : 人造身体部位。

致 谢

作者谨对以下机构和人士对本书的贡献表示感谢：

杜邦公司；3M公司的凯瑟娜·哈梅尔（Kathenne Hagmeier）；雀巢公司的罗兹·奥赫恩（Roz O’Hearn）；美国宇航局的艾伦·韦利（Ellen Walley）；布鲁斯特学院的凯莉·阿尔博恩（Carrie Ahlborn）；怀特曼历史委员会的尤尼斯·麦克斯韦尼（Eunice McSweeney）；美国专利商标局；吉列公司的丹尼尔·弗莱兹（Danielle Frizi）；斯坦利·鲍曼（Stanley Bauman）摄影公司；海瑞尔·朗（Herral Long）摄影公司；罗杰·F. 默里二世（Roger F. Murray II）医生；沃克夫人（Madam Walker）家庭收藏公司；查里恩·比林斯（Charlene Billings）；J. A. N. 李（J. A. N. Lee）；安·摩尔（Ann Moore）；亚历克西娅·阿伯纳西亚（Alexia Abernathy）；裴西·谢尔曼（Patsy Sherman）；斯蒂芬妮·克沃勒克（Stephanie Kwolek）；珍妮·克鲁斯（Jeanne Crews）；丽贝卡·施罗德·佩里（Rebecca Schroeder Perry）；瓦莱丽·L. 托马斯（Valerie L.Thomas）；谷歌公司的泰·谢泼德（Ty Sheppard）；美国家庭购物网（QVC）的林赛·雅内克（Lindsay Yanek）；太阳能发光灯袋公司（LuminAID）的达芙娜·盖尔（Daphna Gall）；房屋工程师公司（Roominate）的萨拉·古米纳（Sarah Gumina）；巴努·普拉布（Bhanu Prabhu）；瑞克哈·尼尔根（Rekha Nirghin）；特蕾莎·普拉布（Trisha Prabhu）；基娅拉·尼尔根

（Kiara Nirghin）; 艾丽萨·查韦斯（Alissa Chavez）; 阿扎·阿卜杜勒哈米德·法耶兹（Azza Abdelhamid Faiad）; 安娜·斯多克（Anna Stork）; 爱丽丝·布鲁克斯（Alice Brooks）; 帕特里夏·巴斯（Patricia Bath）; 乔丹·李维斯和简·李维斯（Jordan and Jen Reeves）; 努尔·阿尔-阿尔达（Nour Al-Ardah）; 非凡的安·里德（Ann Rider）; 以及来自霍顿·米夫林哈考特集团（Houghton Mifflin Harcourt）的整个团队。

图书在版编目（CIP）数据

没有女孩想不到 / (美) 凯瑟琳 · 辛梅什著 ; (美) 梅丽莎 · 斯威特插图 ; 陈修远译 . -- 上海 : 上海社会科学院出版社 , 2019

书名原文 : Girls Think of Everything : Stories of Ingenious Inventions by Women

ISBN 978-7-5520-2887-4

Ⅰ . ①没… Ⅱ . ①凯… ②梅… ③陈… Ⅲ . ①女性—发明家—列传—世界 Ⅳ . ① K816.1

中国版本图书馆 CIP 数据核字 (2019) 第 261814 号

GIRLS THINK OF EVERYTHING：Stories of Ingenious Inventions by Women
Text by Catherine Thimmesh and Illustrated by Melissa Sweet
Published by arrangement with Houghton Mifflin Harcourt Publishing Company
Through Bardon-Chinese Media Agency

上海市版权局著作权合同登记号：图字 09-2019-697

没有女孩想不到

著　　者：（美）凯瑟琳 · 辛梅什
插　　图：（美）梅丽莎 · 斯威特
译　　者：陈修远
责任编辑：杜颖颖
特约编辑：鲁小彬
封面设计：田　晗
出版发行：上海社会科学院出版社
上海顺昌路 622 号　　邮编 200025
电话总机 021-63315900　　销售热线 021-53063735
http://www.sassp.org.cn　　E-mail: sassp@sass.org.cn
印　　刷：北京彩和坊印刷有限公司
开　　本：787 × 1092 毫米　1/16
印　　张：7.5
字　　数：70 千字
版　　次：2020 年 4 月第 1 版　　2020 年 4 月第 1 次印刷

ISBN 978-7-5520-2887-4/K · 543　　定价：59.80 元

20 世纪 80 年代（续）

谢丽尔·摩尔（Cheryl Moore）：压敏胶黏剂（不干胶）

康妮·哈伯德（Connie Hubbard）和雷·海耶（Ray Heyer）：不锈含皂钢丝绵

珍妮·李·克鲁斯（Jeanne Lee Crews）：太空防护罩

卡拉·萨奇（Karla Sachi）：太空人玩偶

埃斯特尔·潘兹（Estelle Panzer），贾尼斯·奥登斯基（Janis Odensky）和朱迪·乔丹（Judy Jordan）：犹太版“棋盘式常识问答游戏”

瓦莱丽·托马斯（Valerie L. Thomas）：制造立体错觉的机器

米尔德里德·史密斯（Mildred Smith）：“家庭树”（桌游）

玛蒂娜·坎普夫（Martina Kempf）：声控轮椅

露西·哈梅特（Lucy Hammett）：德州宾果（桌游）

海伦·G. 古耐特（Helen G. Gonet）：电子《圣经》

弗朗西丝·加布（Frances Cabe）：自清理的房子

多萝西·杨·科尔比（Dorothy Young Kirby）：通用缝合指南

安妮·L. 麦克唐纳德（Anne L. Macdonald）：手工编织花纹织物的方法

劳伦·H. 奥唐纳（Laurene H. O’Donnell）：喷泉式自动饮水器

彭妮·库珀（Penny Cooper）：扁平食物袋

卡罗琳·戴维森（Carolyn Davidson）和凯西·雷德芬（Kathy Redfern）：“你说了”（桌游）

玛格丽特·格里马尔迪（Margaret Grimaldi）：航天飞机逃生杆

凯蒂·哈丁（Katie Harding，5 岁）：泥坑检测器

莱拉·比彻姆（Lila Beauchamp）：抗病毒化合物

珍妮·贾格尔（Janine Jagger）：可伸缩安全针

20 世纪 90 年代

中尾直己（Naomi Nakao）：外科摘取组件

罗宾·墨菲博士（Dr. Robin Murphy）：搜救机器人

安冢本（Ann Tsukamoto）：人体干细胞分离技术

帕蒂·比林斯（Patty Billings）：硅藻土

乔·曼格诺（Joy Mangano）：神奇拖把（以及许多其他发明）

洛里·格雷纳（Lori Greiner）：珠宝收纳架（以及许多其他发明）

埃斯特·山斯·竹内（Esther Sans Takeuchi）：Li/SVO（锂 / 银钒氧化物）电池

艾米·B. 史密斯（Amy B. Smith:）：相变保温箱

米莎·玛霍德（Misha Mahowald）：硅制义眼

凯丽·沃甘和谢丽·沃甘（Kerry and Shirley Worgan）：Baby Faces video 网站

克里斯汀·汉尼斯克（Christine Hanisco）：发饰

辛迪·休伯（Cindy Huber）和南希·隆戈（Nancy Longo）：健康素食汉堡

珍·拉弗（Jen Laver）：一种名为“Piddlers”的婴儿如厕训练目标

简·马琳（Jane Malin）：用于分析连续处理系统定性模型的离散事件模拟工具（NASA）

斯泰西·科罗威尔（Stacey Crowell）：沙滩捡球机

伊娃·艾布拉姆斯·伍尔德里奇（Eve Abrams Wooldridge）：精确测量空间污染的装置

朱莉·奥斯汀（Julie Austin）：绑在手腕上的轻型水壶

乔治娜·特里（Georgena Terry）：女式自行车座

简宁·罗（Jeanie Low，10 岁）：小人座椅（可折叠放入储藏柜）

玛丽·艾伦·希尔斯（Mary Ellen Hills）：口红镜

哈提斯·科林佛德（Hatice Cullingford）：美国宇航局微波预处理纤维素的设备及方法（太空回收）

玛丽·普特（Mary Putre）："复仇厕纸"（创意礼物）

凡妮莎·辛格（Vanessa Singer）：新的打击乐器

艾莉克希亚·阿伯纳西（Alexia Abernathy）：防洒喂食碗

芭芭拉·阿诺德（Barbara Arnold）：方便浴袍

苏西·黑文斯（Suzi Havens）：便携式训练设备

21 世纪初

海伦·格雷纳（Helen Greiner）（与他人共同发明）：吸尘机器人

克里克特·李（Cricket Lee）：合身逻辑（Fitlogic），一种判断衣服是否合身的算法

罗宾·墨菲（Robin Murphy）：搜救机器人

马亚·马塔里奇（Maja Mataric）：社交辅助机器人

西西莉亚·拉斯奇（Cecilia Laschi）：仿生机器人技术

希玛·普拉卡什（Seema Prakash）：玻璃珠液培养技术（便宜的植物克隆技术）

伯利恒·提拉昆·阿列木（Bethlehem Tilahun Alemu）：用再生材料手工制作的鞋

黛博拉·艾德勒（Deborah Adler）：ClearRx 处方药瓶设计以及处方系统（与美国 Target 药店合作）

玛丽亚·德尔·索科罗·弗洛瑞丝·冈萨雷斯（Maria del Socorro Flores Gonzalez）：侵袭性阿米巴病诊断技术

中川由纪（Yuki Nakagawa）及其团队：RIC90 型机器人

丽萨·贝克（Lisa Becker）：可以藏住造瘘袋的内裤

佩特拉·韦德斯特姆（Petra Wadstrom）：廉价太阳能热水装置

米卡拉·乌尔姆（Mikaila Ulmer）：亚麻籽柠檬水

斯蒂芬妮·布姆（Stephanie Boom）：宠物护理有机产品

安吉拉·科迪－鲁热（Angela Cody-Rouget）：家庭整理专家系统

莱姆亚·何塞（Remya Jose）：自行车清洁机器

萨拉·布莱克（Sara Blakely）：Spanx 塑身衣

艾米丽·康明斯（Emily Cummins）：提供给体力劳动者的方便携带水壶

曼迪·哈伯曼（Mandy Haberman）：第一个完全防洒的水杯

欧莫乌妮·萨迪克（Omowunmi Sadik）：微电极生物传感器

伊利安娜·桑切斯（Ileana Sanchez）：将艺术和盲文结合在一起的书籍

2010 年后

安娜·斯多克（Anna Stork）（与他人共同发明）：太阳能发光灯袋

安德莉娅·斯雷什塔（Andrea Sreshta）（与他人共同发明）：太阳能发光灯袋

维洛妮卡·斯科特（Veronika Scott）：提供给无家可归者的睡衣外套

柳麦（音译，Mai Lieu）：可以将刘海剪齐的工具

阿扎·阿卜杜勒哈米德·法耶兹（Azza Abdelhamid Faiad）：塑料变燃料

安吉拉·张（Angela Zhang）：纳米粒子癌症治疗

迪皮卡·库鲁普（Deepika Kurup）：水净化系统

普蕾·瓦利亚（与他人共同发明）：美甲机器人

斯蒂芬妮·拉科（Stephanie Lacour）：可拉伸且保持电子性能的机器半导体设备

辛西娅·布雷西亚（Cynthia Breazeal）：第一个家庭社交机器人

安蒂妮·马科辛斯基（Ann Makosinski）："中空"手电筒（以人体热量作为电源的手电筒）

多萝西·罗杰斯（Dorothy Rodgers）： 马桶清理刷

艾丽斯·金·查塔姆（Alice King Chatham）： 飞行员查克·叶格（Chuck Yeager）突破音障时使用的头盔

瑞秋·布朗（Rachel Brown）和伊丽莎白·海森（Elizabeth Hazen）： 制霉菌素（抗生素药物）

20 世纪 50 年代

玛丽·谢尔曼·摩根（Mary Sherman Morgan）： 新型肼基液体火箭燃料

贝西·布朗特·格里芬（Bessie Blount Griffin）： 电子喂食装置

露丝·贝内利托（Ruth Benerito）： 免烫棉织物

安娜·卡斯罗（Anna Kalso）： 地球负跟鞋

罗萨林·耶洛（Rosalyn Yalow）： 放射免疫分析（医疗工具）

玛利昂·多诺万（Marion Donovan）： 一次性尿布

格蕾丝·穆雷·霍珀（Grace Murray Hopper）： 计算机编译器

弗吉尼亚·阿普加（Virginia Apgar）： 新生儿评分系统，也叫阿普加评分

戈尔特鲁德·埃里昂（Gertrude Elion）： 治疗白血病和肾移植排异的特效药

裴西·O. 谢尔曼（Patsy O. Sherman）： 思高洁防污剂

贝蒂·奈斯密斯·格雷姆（Bette Nesmith Graham）： 修正液

露丝·汉德勒（Ruth Handler）： 芭比娃娃

20 世纪 60 年代

玛丽·范·布里顿·布朗（Marie Van Brittan Brown）： 闭路电视监控系统

伊冯·布里尔（Yvonne Brill）： 太空火箭推进系统

特里萨·汤普森（Teresa Thompson，8 岁）和玛丽（Mary Thompson，9 岁）： 太阳能帐篷

安·摩尔（Ann Moore）： “依偎”（Snugli）婴儿背带

玛丽·戴维森·肯纳（Mary Davidson Kenner）： 助行器

贝蒂·加洛韦（Betty Galloway，10 岁）： 吹泡泡玩具

潘西·艾伦·埃斯曼（Pansy Ellen Essman）： 在沐浴时保证婴儿安全的海绵枕头

20 世纪 70 代

雪莉·安·杰克逊（Shirley Ann Jackson）： 为电信行业奠基

英格博格·霍奇迈尔（Ingeborg Hochmair）（与他人共同发明）： 人工耳蜗植入技术

斯蒂芬妮·克沃勒克（Stephanie Kwolek）： 凯夫拉纤维

厄娜·施耐德·胡佛（Erna Schneider Hoover）： 电子交换系统

贝基·施罗德（Becky Schroeder）： 新型薄版

芭芭拉·阿斯金斯（Barbara Askins）： 自动射线照相技术（美国宇航局使用的摄影技术）

维姬·M. 埃姆尼斯（Virgie M. Amnions）： 气阀更换器

露丝·西姆斯（Ruth Siems）： 即食混合馅料

20 世纪 80 代

帕特里夏·巴斯医生（Dr. Patricia Bath）： 激光超声探针

黄以静（Flossie Wong-Staal）： 克隆并破解艾滋病 HIV 病毒 DNA

兰迪·阿尔丘尔（Randi Altschul）： 各式玩具

瑞秋·齐默尔曼·布拉克曼（Rachel Zimmerman Brachman）： 为脑麻痹患者设计的打印机

拉迪亚·帕尔曼（Radia Perlman）： 生成树协议（STP）

马格达莱娜·维拉鲁兹（Magdalena Villaruz）： 动力中耕机

艾伦·奥乔亚（Ellen Ochoa）： 用于太空的光学系统

奥尔佳·冈萨雷斯－萨纳夫里亚（Olga D. Gonzalez-Sanabria）： 碱性电池隔板

萨拉·鲍尔（Sarah Ball）：工作桌手提篮两用发明

玛丽亚·E. 艾伦(Maria E. Allen)：纸尿布

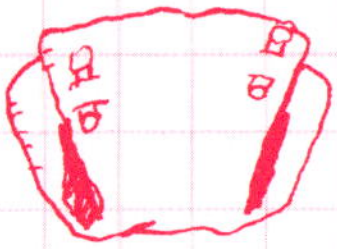

安娜·康纳利（Anna Connelly）：防火梯

安娜·布瑞丁（Anna Breadin）：学校课桌

19 世纪 90 年代

玛格丽特·A. 威尔科克斯（Margaret A. Wilcox）：汽车暖风装置

安妮·奇尔顿（Annie Chilton）：分离马车厢和马匹的装置

哈丽雅特·R·特蕾西：（Harriet R. Tracy）：可以缝出“锁链针”的缝纫机

辛西娅·威斯多佛（Cynthia Westover）：清扫街道的马车

莉奥妮·卡梅尔（Leonie Callmeyer）：检测密封信封是否被偷偷开启过的装置

安娜·曼京（Anna Mangin）：点心叉

利蒂希娅·吉尔（Letitia Geer）：医用注射器

20 世纪初

奥利维亚普尔（Olivia Poole）：婴儿平衡跳跳椅

伊丽莎白·J. 菲利普斯（Elizabeth J. Phillips）：“地主的游戏”（即“大富翁”的早期版本）

弗洛伦斯·帕帕特（Florence Parpart）：现代电冰箱

爱丽丝·帕克（Alice Parker）：以燃气为动力的中央供暖系统

玛德琳·特纳（Madeline Turner）：水果榨汁机

玛丽·安德森（Mary Anderson）：挡风玻璃雨刮器

无名氏：冰激凌蛋卷

凯瑟琳·瑞恩（Catherine Ryan）：铁轨专用螺母及螺栓锁

C. J. 沃克夫人（Madam C. J. Walker）：护发产品

梅莉塔·本茨（Melitta Bentz）：滴漏式咖啡机

嘉莉·B. 阿韦尔（Carrie B. Averill）：童车

罗丝·奥尼尔（Rose O'Neill）：丘比娃娃（Kewpie）

玛丽·P. 雅各布斯（Mary P. Jacobs）：胸罩

劳拉·M. 希克斯（Laura M. Hicks）：洗浴手套

玛德琳·特纳（Madeline Turner）：水果榨汁机

梅·康纳（May Conner）：结合打蛋器和土豆搅碎机的发明

艾达·福布斯（Ida Forbes）：电热水器

朱莉·奥尔巴赫（Julie Auerbach）：易拆卸可自动调节的束身衣

玛乔丽·斯图尔特·乔伊纳（Marjorie Stewart Joyner）：烫发机

20 世纪 30 年代

伊达·海德（Ida Hyde）：微电极

比乌拉·路易斯·亨利（Beulah Louise Henry）：无线轴缝纫机，真空冰激凌冰柜，以及其他许多发明

露思·韦克菲尔德（Ruth Wakefield）：巧克力豆曲奇

凯瑟琳·伯尔·布洛杰特（Katherine Burr Blodgett）：无反光玻璃（隐形玻璃）

格拉迪斯·惠特科姆·盖斯曼（Gladys Whitcomb Geissmann）：新型手套

20 世纪 40 年代

玛丽亚·泰尔克斯博士（Maria Telkes）：家用太阳能供暖

安吉拉·鲁伊兹·罗伯斯（Angela Ruiz Robles）：电子百科全书（电子图书阅读器）

松杰德·伦纳特（Sonjade Lennart）：女式紧身裤

海蒂·拉玛（Hedy Lamarr）（与乔治·安太尔合作）：使用“跳频技术”的秘密通信系统

亨丽埃塔·玛希姆·布拉德伯里（Henrietta Mahim Bradberry）：挂于床尾的晾衣架